討論到的部分內容，也就是提供社福需要從兩個層面著手：由國家提供基本的服務，並確保沒有人被棄之不顧；而穩固且緊密連結的公民社會則要發展出互助網，提供另外一層的社福。很類似地，全世界都有互助團體成立以應對氣候災害如水患，或是氣候變遷引發的長期影響，例如乾旱或其他危機。為了克服即將來臨的挑戰，並且實現環境福祉與環境正義，我們需要一套重視全民環境的制度，並確保最弱勢的一群人不會遭到忽視，同時也需要公民社會組織，來對民眾和其生活環境提供照顧。

目錄

前言

帕布羅・森德拉與理查・桑內特

現代城市正被僵化與過度功能限制的型態壓得喘不過氣，這類生硬環境束縛住大眾的行動自由，壓抑著非常規的社會關係，繼而也箝制了城市成長的力量。在書裡我們提出能夠取而代之的方案：以無限定型態的城市規畫、提升生活品質的設計來解套，破除既有的僵化。

從現今的曼哈頓天際線為例，舉目皆是這座城市被過度限制功能的證據。位於空中鐵道（High Line）北端的哈德遜城市廣場（Hudson Yards），顯現出受商業力量驅動的城市主義；紐約、倫敦等大城也都因為這種城市主義澈底蛻變。哈德遜城市廣場集豪華公寓和出租空間、飯店、辦公室、餐廳與頂級品牌購物中心於一身。中央是名為容器（Vessel）的雕塑風格階梯井，設計宗旨的考量來自為商業行銷打造打卡景點[1]，無關實用。廣場南區銜接到棚（Shed）的區域，是座可變形的巨大建築，預計作為多用途藝術場館，供大型表演使用。

如此大規模的發展，卻無法協助促進一般市民組織地方活動，這個功能固定的建築終將無法再進化，只有衰落一途。

相對的，位於哈德遜城市廣場東側邊界的時裝區（Garment District）則是充滿活力又多元的社區，各式商家林立；有相較近期才遷入的韓國移民，也有歷史久遠的移民社區，勞工、中產階級的住家比鄰，學校和教堂座落其中。像這樣複雜，通常吵鬧又缺乏秩序的社區，在過去一個半世紀以來卻有辦法不斷進化、繁榮發展。

強加秩序的國際核心城市。紐約市哈德遜城市廣場。圖片為：購物中心（右）、Shed（左）、Vessel（中後方）以及摩天大樓。2019年3月。

我們希望能藉《城市不服從》，明確闡述如何設計出這類型的社區；換言之，什麼樣的基本型態、什麼樣的城市 DNA，能讓一個區域像時裝區般自我成長茁壯。

本書是以作者之一，理查・桑內特（Richard Sennett）的著作為基礎。《失序之用》（*The Uses of Disorder*）一書於一九七〇年出版，桑內特於書中指出，時裝區之所以能有「多種類型的生活彼此交織[2]」，原因就在於這些屬於下曼哈頓中城的各自區隔，都沒有足夠力量畫分出明顯界線[3]。同時書中也提出警告，「不虞匱乏」的居住狀態——建立起各式邊界，或是消除與周遭人群共享資源的需求——正在將多元的生命力自城市抹殺。《失序之用》警示財富和權力集中可能會對城市造成影響，哈德遜城市廣場便是典型例子。這個城市廣場象徵著紐約市已經蛻變成由房地產推動的城市[4]。如果《失序之用》指出現代主義的發展等同施加秩序，正在抹殺城市的生命力；那麼全球化房地產產業便是施加秩序類型的主要力量。

活力又開放的城市並非自然出現。僵化的都市環境不允許隨興狀況發生，這些地方完全不可能產出隨興活動、社交互動，因此，為失序進行規畫有其必要。建築師帕布羅・森德拉讀畢《失序之用》，決定探索什麼樣的都市介入措施設計，才能促成適當類型的失序，用以誘發未經規畫的活動，並提供能根據居民行動變化的開放城市設施——成為本書中解決那些

難以發生隨興活動、社交互動之空間所提出的都市設計實驗。《城市不服從》的主要概念，並非為已存在隨興和社交狀態的空間提出設計策略，而是探討哪些都市設計必須被擾動，才有可能反轉過於僵化的環境。

建築師帕布羅・森德拉和社會學家理查・桑內特於《城市不服從》聯手合作，重新檢視《失序之用》裡「無秩序、不穩定、直接社交生活[5]」的概念，並轉化成應用於實務的都市設計實驗。第一部中，理查・桑內特回顧當初受啟發寫作《失序之用》的脈絡，以及這本著作之於現代的意義。繼而桑內特進一步說明他的開放城市（Open City）提案，這套做法有助於解除規矩環境的僵化。本書的第二部，帕布羅・森德拉則會提出一些都市設計實驗/作，這些實驗足以瓦解過度有秩序的都市環境，並鼓勵公共空間被自由運用，促進社交互動。森德拉的提案絕非一套規範性的守則，而是針對設計提出建議，包括如何在尺度上更開放，實務上也更顧及集體。第三部則收錄帕布羅・森德拉和理查・桑內特的對談討論，由編輯里歐・賀利思（Leo Hollis）主持，反思《失序之用》在當代的涵義。

PART I.
CIVIL SOCIETY

第一部

失序狀態與
公民社會

理查・桑內特

第一章　隱形城市中的政治

一八〇四年，拿破崙領軍出征歐洲途中，頒布法令管制法國和拿破崙帝國境內的所有公民社會。這部《法國民法典》的內容，包括約束家庭事務、規定學校課程以及組織宗教行為，在日常生活中施加各種秩序，是現代社會工程最早跨出的一大步。

十幾年後，拿破崙帝國化為一片廢墟，他對公民社會所制定的正規理性計畫也人亡政息。作家及政治思想家班傑明・康斯坦（Benjamin Constant）樂見這部法典失敗，但該用什麼取而代之呢？他心中的理想是一種不同類型的公民組織，既不是重回法國的舊制度，也絕非法國大革命的暴力意識型態。康斯坦在其一八一九年的著作《古代人與現代人自由之比較》（*The Liberty of the Ancients Compared with that of the Moderns*）中提到何謂日常生活（Ordinary Life）：

一、會有意外事物刺激個人生活；

二、社交經驗將擴展至相近價值觀之外的「群體」；

三、政治確定性遭到質疑。

康斯坦的理想社會中，人不僅能學會與模糊、衝突和複雜性共存，還將因此獲益良多。他認為，貫穿城市的生活之流（Life-stream）深不見底，而非清澈透明。

康斯坦指出，巴黎這類型城市隨歷史發展出不同特質——

一、未經歷革命的舊時。城中富人和窮人毗鄰而居，卻從未真正融合。當時的巴黎是一座冷漠的城市。

二、革命期間的巴黎。尤其是一七九二至一七九四年間的恐怖統治時期（Reign of Terror），不屈服於掌權者的人遭趕盡殺絕，被送上斷頭台；異議變成罪名。

三、拿破崙垮台後，一八一五年到一八三〇年間，康斯坦所生活的巴黎。街道上盡是相互緊張、嚴密提防彼此的人，但還是允許各有生活空間；巴黎市民正為歷史上的動亂受到創傷，卻也因此被馴化。

第三段時期，讓巴黎成為康斯坦理想中公民社會的代表。

我們會在本書探討康斯坦的願景對現代有何意義、是否可能實現這樣的設計。我的計畫始於五十年前，本人當時正在撰寫《失序之用》。之前我對拿破崙幾乎一無所知，也從未聽過班傑明・康斯坦，不過我的著作透過探究自我與城市之間的連結，釐清出一種獨特版公民社會的樣貌。書中內容主要奠基於平凡無奇的觀察結果——擴展個人經驗的方式應該向外而非向內。基於類似邏輯，公民社會的興起應該源於個人變得較不熱衷自我，轉而更積極參與社交。

但這究竟如何形成？我的論點是，密集而多元的城市會以特殊方式促進居民互動，而且不單只是對城市諸多生活型態的接觸或忍受。如果交流對象為不同種族或宗教、表達愛意的方式迥異，或來自遠方文化的他人，我們就必須從內心解開束縛，以不那麼絕對、限定的方式看待自己的身分認同。甚至可以如此形容：人必須以一種失序自我（Self-disordering）的狀態與他人互動。

我們因此面臨了一個巨大卻實際的問題——城市是包含多種不同生活型態的物理實體。從古法文的觀點而言，同樣意指城市，Ville 指的是建築和街道組成的實體；Cité 則是居於

這個物理空間中，群眾生活的行為和意識。《失序之用》所展望的、這種兩相結合的公民參與形式，有可能具體實現嗎？建築、街道和公共空間的設計有辦法鬆動既定習慣、毋需服從固有自我形象的秩序嗎？

即便《失序之用》付梓後，我仍然不太滿意，無法為實質建構公民社會的方式提出理想解答。隨著我擔任城市規畫師的實務經驗越多，缺少實質面的解決方案，在我心裡依舊是那本著作的一大缺陷。這個想法也催生出本書的合作計畫。《城市不服從》中，建築師帕布羅．森德拉從如何解放和豐富公眾生活的方向探討，規畫彈性的城市基礎設施。設計出能促成社區創新、配置新穎的基礎設施是森德拉的目標，但，儘管這些設計有助於讓複雜、多元、解放的城市正常運作，卻無法直接產出此類型態的城市。設計是工具，必要卻不足以打造出有養分的都市公民社會。所謂複雜、多元、解放的城市，指的是居民有機會在回顧和反省時思考：「這裡的生活和我當初預期的不一樣。」這種感想正是康斯坦理想公民社會的立論基礎——超越指令與規範的生活。儘管他從未考量到，巴黎的下水道其實也是創造這種自由體驗的工具之一。

拿破崙的《法國民法典》之所以具開創性，主因於這部法律賦予所有公民平等權利，雖然僅限男性公民。這部法典也賦予所有公民宗教自由，讓清教徒和猶太教徒可以在法國境內公開禱告，只不過法國殖民地也因此重新採用了合法的蓄奴制度。儘管拿破崙所擁護的「家庭價值」是允許丈夫束縛女性，並且剝奪不具法定身分子女的權利，但就後人追求公民權利的層面而言，這份令人不安的文件確實帶來了深遠而正面的影響。特別是人人都能平等受教這項權利規範。這種對教育平等的需求，在第二次世界大戰後，驅動了美國種族公民權利運動。一九五四年，美國最高法院在判決中禁止學校裡的種族歧視，這背景也和《法國民法典》有關。

一九七〇年《失序之用》出版當時，美國有色人種長期遭遇的不公不義，導致全美各大城市淪為暴力的戰場。為了分析這些動亂情勢，美國政府成立半政府組織克內委員會（Kerner Commission）。當時的紐約市市長約翰．林賽（John Lindsay）是委員會成員之一，而我在一九六七年時隸屬於他的助理團隊。克內委員會的結論指出：「白人社會對族裔聚集區（Ghetto）的影響無所不在。白人體制催生出族裔聚集區、白人體制影響族裔聚集區存續，白人社會縱容族裔聚集區的存在。」儘管乍看有違常理，但書名《失序之用》應該可以這般

詮釋——暴力失序其實是一記警鐘。

話雖如此，此時陷入火海的美國街道，並未重現康斯坦在人生最後階段所見的景色——一八三〇年革命時期，巴黎街道路障重重。他眼裡所見路障的設立，是為了保護暴動地區不受軍隊攻擊和警察圍捕。把家具丟上街頭製作路障，在街角處疊高創造死路。當時，路障後方的空間由參與暴動的市民警戒看守，直到軍方將他們擊破。延續數週街道成為遭嚴格管制的空間。對比來看，一九六〇年代，美國都市暴力動亂期間，貧窮社區內的街邊店面皆被滲透抗議活動的歹徒洗劫、縱火，街頭示威領導人一開始就無法控制這些暴力的寄生者。克內委員會指出，這些洗劫歹徒人數不多，但儘管如此，「失序之用」這個開創性概念似乎已因盜竊蒙上陰影。

在那個年代，種族抗爭並非美國唯一面臨的失序狀況。公民社會的特權階級儘管鮮少面臨暴力事件，卻會因個人層面的失序狀況所苦：白人、中產階級、異性戀，以及不必到海外上戰場的年輕一代，身在「安全區」卻感到不滿的心理狀態——可以追溯到康斯坦描述過的無奈心境。

康斯坦是小說家和法學家。兩個實務上沒有重疊的領域，幾乎可以直接切分成「想像力」

和「哲學」兩座獨立島嶼。他的小說《阿道夫》（*Adolphe*）裡描寫一位放棄美好戀情的男子，沒有暢寫最初的情感悸動，反而選擇記錄失戀的過程。阿道夫厭倦隨欲望而來的風暴和壓力，步入中年後，情愛對他的影響已經比不上職涯的吸引力。康斯坦寫出這則故事，是為了顯現阿道夫變成多麼「渺小」的人類。

這位公民社會哲學家其實藉此譴責，遭到嚴加約束的生活，是如何讓人漸漸變得畏懼冒險、閃躲困難，避免風暴和壓力。現實主義作家司湯達（Stendhal）在小說《紅與黑》（*The Red and the Black*）裡對野心的現代詮釋，正好是完全相反的概念，司湯達筆下的主角朱利安・索海爾（Julien Sorel）野心勃勃，渴望征服巴黎、進入權力最核心，成為國內的拿破崙。阿道夫內心沒有熱忱，也沒有展現出比較德國式的志向典型，年少的渴望不敵中年的退縮與懊悔。阿道夫安於現狀，甚至可以說自以為輕快地過著有秩序、一板一眼的生活。

哲學家康斯坦沒有解析，這類「渺小」透過什麼機制殘害公民群體，直到後來的社會科學才有相關解釋提出。阿道夫故事所探討的恐懼，一直到將近一個世紀之後，才又出現在德國學者馬克斯・韋伯（Max Weber）對科層（Bureaucracy，或譯「官僚」）體系的論述。韋伯著名的論點是：人在科層體系內工作，無異於活在「鐵籠」，尤其當人最大的野心是升

官。韋伯理論中，阿道夫這種角色的產生關乎更廣的脈絡。透過《法國民法典》這類型的措施可以讓社會變得理性，但無可避免將創造出科層體系，而科層體系會削減人的價值。「理性的計算……將所有勞工之存在壓縮成科層機器中一個個齒輪，假若人以此種角度看待自我，就只剩想著如何改造自己……以成為更大的齒輪。」

韋伯以相當生動的方式描述上述過程：「對科層體系化的熱情……導致我們走向絕望。」他並不是唯一點出這種無奈心境的人物，例如奧地利作家羅伯特・穆齊爾（Robert Musil）的小說——《沒有個性的人》（*The Man Without Qualities*）就採用無情但幽默的口吻，鉅細靡遺描寫科層體系如何形塑出渺小的生活型態。而最令人絕望的鐵籠意象，大概就是出自與韋伯同期的德語詩人萊納・瑪利亞・里爾克（Rainer Maria Rilke）筆下。他那首以動物園裡受囚之豹為主題的詩，開頭便寫道：「他的目光，隔著無止盡的柵欄，漸漸失去生氣，直到再也容不下任何事物。」

我這個世代從小成長於安全區，全都為鐵籠般的絕望所苦。社會學家查爾斯・賴特・米爾斯（C. Wright Mills）曾略帶同情地詳述，我輩父母所深陷的牢籠如何建構而成：雙親無法擺脫經濟大蕭條和第二次世界大戰的陰影，卻絕口不提這些噩夢；藉美國迎來新繁榮時代

和全球霸權的榮景壓抑著噩夢。六〇年代初始，安全區的孩子只能原地踱步，像動物園的豹。這個十年邁入尾聲，他們開始有更積極的想法要摧毀牢籠。年輕一代正要重新找回追求更宏大體驗的熱情——康斯坦、後期的穆齊爾和韋伯都認為已經漸漸消亡的那份積極心態。這裡就不得不談到《失序之用》。

我並非來自安全區。我在城市的公共住宅度過童年，單親家長是共產黨地下黨員。我是同性戀，十五歲起就在芝加哥、紐約獨居或與伴侶共居。一連串意外之後，成年的我進入哈佛大學就讀。起初，校園裡那些安全區長大的同學，其心中的憂傷在我看來僅是自我耽溺；不過隨著時間過去，我意識到他們的掙扎確實存在。我也和那些來自都市郊區、如哈姆雷特般痛苦掙扎的人一樣在意自我，大大誤解了日日接觸的那些陌生人。我確實存活下來，卻不見得多懂自己。

哈佛大學時期，我希望透過寫作認識自己。我湧起寫作衝動，但並非狹義自傳，而是關於我所生活的地方。試圖描寫城市與自我的關係時，發現「城市」成為其中獨立的變數。乍看之下，當時的我似乎尚未準備好面對自己，但心理分析學家艾瑞克．艾瑞克森（Erik Erikson），也是我在哈佛的導師卻認為，這才是面對自我的正確方式：往外，而非由內探尋。

年輕時的艾瑞克森是個沒出路的丹麥藝術家，其後將精神分析作為另一種職涯選擇。早期他接受佛洛伊德的訓練，工作接觸的對象都是維也納的兒童。後來艾瑞克森逃離飽受戰爭摧殘的歐洲，任職於麻薩諸塞州的奧斯登理格（Austen Riggs）精神治療診所，研究興趣轉向青少年和年輕成人。艾瑞克森在此處完成讓他聲名大噪的研究——人類從青少年時期過渡到成年期時會出現的自我認同危機（Identity Crisis）。根據他的觀察，這是一段特別艱難的過程，人會在尋求和拒絕全新經驗之間來回掙扎。年輕人渴求全新事物，卻又恐懼暴露缺乏經驗的部分。如果沒有走出這種掙扎，年輕人就會習於僵化的自我意識，阻礙他們理解他人的差異和分歧。

在《失序之用》中，我採用了上述觀點；但後來又瞭解，這個觀點其實可以重新建構，不需使用佛洛伊德學派中本我、超我之類的胡言亂語。認知心理學家利昂內・費斯汀格（Lionel Festinger）重新建構這套理論的方法，是研究大腦中「歸納好奇心」和「演繹推理能力」間持續交互的影響；前者帶來新觀點，後者則會尋找方法解決心理層面的失序。而心理學家卡羅爾・吉利根（Carol Gilligan）則有另一種論述，她認為青少年時期「我是誰？」的自我認同危機並非決定性時刻；自我與他人的社會性別（Gender）差異不會自此固定。她指出，

性別是一而再、再而三協調的結果，人類終其一生都不會停止這個過程。

這些非佛洛伊德學派，重新詮釋了佛洛伊德學派指稱的自我強度（Ego Strength）——無論面對數學難題、愛人的棘手要求或是學習新的工作，人都需要培養能力應對模糊、困難和未知的狀態，才能在遇到波折時加以探索，而不是自我防衛。艾瑞克森身為思想家的優勢，就在於他除了是精神分析學家，也是倫理學家。

他的倫理觀，簡而言之就是「少點自我，多點他人（Less self, more other）」。這也是關於自我認同危機比較正向的一面，適用人生中各個階段：更重視外部的「他者」，減少對他人投射「自我」。落實這種倫理需要相當的心理能力，但力量並非憑空而來。人需要練習少點自我，多點他人，類似於在健身房鍛鍊肌肉。我的看法（也希望個人著作因此具備經得起考驗的價值）是，大型、密集且多元的城市，就是最適合練習和逐漸強化這種倫理肌肉的地方。

如果康斯坦還在世，我懷疑「少點自我，多點他人」的口號是否能引起他共鳴。他構想中的公民社會是讓人們轉為向外發展，擺脫心中的偏見和習性，不再認定人人都應該依照某種絕對的方式生活。不過比起上述的倫理概要，康斯坦的觀點更為複雜睿智，畢竟我把整個

觀念濃縮成僅八字；而康斯坦版的公民社會，是大眾既可以相互交流也可以毫無交流的地方，是獨處和社群共存的城市。

這樣的雙重性，也許體悟自康斯坦和德．斯戴爾夫人（Madame de Staël）的私情。他在一七九五年認識這位作家，並且在一八〇二年與遭拿破崙驅逐的她一起逃往瑞士。德．斯戴爾夫人在一八〇七年出版小說《柯琳或義大利》（*Corinne; or, Italy*），是一部偽裝成故事的女性權利宣言。其中指出要將女性權利從婚姻固有的義務中解放；女性要有享受短暫情緣的自由，也該保有「不可剝奪的隱私權，也就是獨自一人的狀態」。康斯坦從未奉行過單一配偶制，而是選擇實踐德．斯戴爾夫人的理念，直到在德．斯戴爾夫人去世後，他才和夏洛特．馮．哈登堡（Charlotte von Hardenberg）結為夫妻，一起返回巴黎。

巴黎期間，他的寫作內容將德．斯戴爾夫人的情欲道德觀更全面地延伸至公民社會，他期望社會可以挑戰共同從眾性和群體禮節。公民社會應該要接納行為上的差異和波動，大眾才能從中獲得自由，做自己的自由——獨自一人。社會要正視並尊重彼此的差異，會有難以銜接的距離、必要的沉默。這才是公民社會之所以稱得上是「公民」的關鍵，也是吵鬧村莊無法實現，但大型、密集、多元的城市可以實現的目標。

話雖如此，談到自由就不能不談到權力。儘管城市就如同自我表現和社交互動的模範劇場，這個位址也遍布複雜的宰制網絡。

一八〇六年，拿破崙攻下德國城市吉納（Jena），也就是黑格爾（Georg Friedrich Hegel）長期任教的地方。當時年輕的哲學家正動身逃離，帶著未完成的《精神現象學》（*The phenomenology of the Spirit*）手稿和為數不多的家當；拿破崙將軍令他心生恐懼。黑格爾晚年開始將皇帝拿破崙偶像化，當成英雄人物，並大讚《法國民法典》是整頓公民社會的理性方法——不過這都是後話，黑格爾是在歷經風霜邁入老年之後，才成為秩序的擁護者。

《精神現象學》是相當前衛的書籍，記錄了作者的自我辯論，書中最著名的章節是關於「主宰與束縛（Lordship and Bondage）」；其中最受討論的陳述，大概是指出人類「唯有受到認可」才會感到圓滿。換言之，「相互認可的過程」是每個個體能感受到完整自我的必要條件。聽起來不過是「沒有人是座孤島」的哲學版老調重彈，不過黑格爾所謂的認可，其實探討的是更深層、更黑暗的議題。

地位不平等的雙方——貴族與僕役、主人與奴隸，如何能相互認可？僕人必須服從主

人，但在黑格爾眼裡並不足夠。法國大革命期間，黑格爾觀察，如果僕人不信任自己的主人，終究會投奔掌握權勢的他方。這個假設相當激進。長期而言，權力仰賴服從者自願服從。此外，這個長期主人希望被視為具有合法性，並希望僕人（在黑格爾的時代，全都是男性）認可自己有權利對其進行統治。

黑格爾稱「主奴」關係為「上級（Superiors）」和「從屬（Subordinates）」。他認為這種狀態較有可能出現在自己所屬時代，而非過往的社會制度。在過去，宗教或是繼承而來的特權會賦予主人合法性。當社會秩序的設計者來自上帝，主人本人無須採取任何行動捍衛；但在世俗並反對傳統的社會中，對於不平等地位之間關係的認可會開始動搖，變得更加脆弱。馬基維利（Machiavelli）在文藝復興城邦的動盪中也觀察到類似現象，不過他認為這種困境單純源自治理能力，亦即統治者得思考如何表現，以誘使從屬者自願服從。來到黑格爾所處時代，這個議題已經不再只是社會議題，也是政治議題。

康斯坦和黑格爾身處同一個時代，同樣觀察到讓一八二〇年代巴黎人緊密連結的，不僅是共同的苦難，還包含其他因素。城市居民依舊組織著公民小團體，只是多數人不再相信「自由、平等、博愛」的革命口號，同時也已經沒有多少人期待拿破崙逃出聖赫勒拿島（St.

Helena），那麼是哪一種化學作用，於此刻連結住社會地位截然不同的人們？引力切確存在，但康斯坦無法解釋來由。

黑格爾試圖解開這個難題，方法是將焦點集中在僕人本身對「受到認可」的需求。若置換至當代，所謂「僕人」可能包括女性、同性戀、跨性別者、移民、弱勢民族——亦即所有不被視為「主人」同類的族群。根據黑格爾的說法，各種類別的僕人都會透過對抗主人以獲得接納，也許是職場女性爭取社會重視平等收入權利；有意收養孩子的同性戀伴侶為自己的收養權利發聲；移民試圖被認同為忠誠的公民，或者是跨性別群體是否非得歷經重重的醫療機構規範，才能讓自己的性別認同被法律認證。上述列舉，就黑格爾式邏輯而言，都是主人已預先設下接受的條件，而此類爭取認可的行為便促成了僕人之於主人的連結。即便像拿破崙法典已規定，法律之下的眾人、宗教都享有平等法定權利，爭取認同的現象還是會在公民社會中出現：看著我！承認我存在！不要無視我！

假若僕人期待的是自由而非認可，他們就必須踏出主人設下的準則框架。這個進程演示出四個階段：

一、僕人會隱忍自己的困境。

二、對主人施加痛苦的權利開始心生懷疑。
三、進入一段脫離時期，不受主人束縛，卻又不確定、不滿於自己的行動。
四、這個進程論證會推導出解決此類不滿狀態的方法。

當伊曼努爾・康德（Immanuel Kant）思考類似問題——個人如何於城市中生活——他建議要成為世界公民（Cosmopolitan），也就是和陌生人共同辯證討論和理性行動。這種親近距離的做法可以促成一定程度互動，卻無須有屈居下位的一方。不過，年輕時的黑格爾基於充分歷史理由，曾質疑過這個版本的都會生活——沒有共同身分認同的興起，就不可能有向心力——法國大革命期間，巴黎街道上互不認識的人集結在一起追捕「叛徒」、「祕密貴族」以及其他異端，這些人會因為一股非理性的熱情團結。

一八九〇年代，社會心理學家古斯塔夫・勒龐（Gustave Le Bon）在親身經歷過巴黎公社（Paris Commune）統治後，決定將這類集體不理性行為做為研究主題，藉以釐清群眾的自我認同。追隨在後的評論家埃利亞斯・卡內蒂（Elias Canetti）和佛洛伊德則分別提出相對的研究，兩者各自以相異方式觀察到，當陌生人圍繞身邊，個人較容易失去自我。顯然，

具匿名特性的城市允許不負責任的行為發生。

黑格爾的論點也陷入自我牴觸的窘境，他曾表示受他人的認可是人類感到圓滿的必要條件。對權威的需求未必都是出於卑賤心態——兒童仰賴成人才能上學受教育，軍人仰賴其他軍官的指揮才能在戰場上存活。規則不僅有指引的功能，也令人感到安心。該關注的重點在於哪些類型的規則沒有上述的功能，以及在什麼情況下人可以／應該挑戰上位者。

黑格爾認為跳脫主僕困境的方法，就是「僕人透過工作意識到自己究竟是誰」；透過思考工作之於自身，可以「發覺自己具獨立思維」。卡爾・馬克思（Karl Marx）在探討《現象學》（*Phenomenology*）時就是緊咬這些概念不放，不過黑格爾的觀察並未止步於看重日常世界中的實務活動，隨著年紀漸增和思想歷練，他漸漸把焦點放在以一種理性、全知、全面的狀態解決主僕問題——一八二一年，年長的黑格爾在《法哲學原理》（*The Philosophy of Right*）中提出了一套有悖常理的結論。

老年黑格爾提倡的，是往更高階、理性且決定性的秩序尋求庇護。而我們在本書所探討的這個專精領域，崇尚的是青年黑格爾的思想，期待眾人得以踏出主僕關係；不過和年輕時的黑格爾一樣，我們面臨著相同問題——除了在地位不平等下爭取認可外，城市能否建立新

的、人與人相互吸引的連結模式？如果公民社會允許人與人之間存在摩擦，並尊重個人維持孤獨表現，社會看起來其實沒有發揮什麼連結公民的功能。此外，還有分辨各式各樣規則的需求——有些規則提供正向指引，有些則必須破除。

黑格爾聚焦於勞工的研究探討十分詳盡。現代社會中，「僕人」所做工作引發了複雜且相當驚人的權威性問題。一九七〇年代後期開始，在資本主義新時代來臨後，因為要將組織改造得更加「有彈性」，雇主與員工之間的連結漸漸脫鉤。某個層面而言，彈性意味公司人力會根據全球市場與金融環境擴編、縮編，也表示隨著公司創新或摒棄既有措施，內部重組的過程將持續不斷。彈性更意味著勞工工作重心不再是於公司內發揮一項固定職能，而會轉移成一系列不斷變動的作業需求。

彈性導致許多勞工無所適從，究其原因和時間有關。韋伯和後來的米爾斯所形容的體制鐵籠，深遠影響勞工的時間體驗。科層制度是以數年或甚至數十年為單位安排勞力，以此來看，勞工整個職業生涯轉換通常不會超過四位雇主。工會負責保障長年工作勞工的資歷，退休金則是對長年服務的獎勵。以長時間單位安排勞力，代表企業基本上遵循一套清楚的內部制度：員工可以依照固定的工作階層往上或往下移動，清楚明白自己所處位置。即便有可能

遭遇週期性短暫失業，整體而言勞動時間都是可預測的，因此產生固定的秩序。

當今勞工因為權力的重新配置導致勞動時間縮短。現今公司以短期股價為導向，取代長期獲利，這類轉變加速和縮短勞動時間——公司需要不同的技能並重新組織員工群，以便短期內獲得全球投資人認可。組織內的不斷變動導致職業生涯階層崩解，員工只是在一項又一項作業之間切換，卻沒有一套完整的敘事讓他們知道自己的方向在哪裡。年輕一代的勞工預計至少會為十幾名雇主工作——又或者處於零工（Gig）經濟中，只要有人願意簽約購買勞動服務，勞工就會以月為單位出售自己。

正因如此，現代的勞動僕人變得無所適從，這時候黑格爾就派上用場了。僕人要如何從主人身上得到對自身需求、自身存在的認可？而我們是否能藉此瞭解自己生活的城市是什麼樣子？

如今，具彈性的資本主義在僵化城市中發展，城市成了一座鐵籠，把失去方向、不停勞動的動物囚禁其中。這種自相矛盾的情況背後有數個原因。首先，混雜型空間萎縮，取而代之的是更同質的地區，像這樣有秩序分類的過程在上一個世紀不斷上演，八〇年代早期開始更是加速進行。

在十九世紀，倫敦、紐約和巴黎等富庶的中心地帶，無疑都是混雜的空間，大量僕人生活其中。這些地區滿是小型商店，包括肉舖、修鞋舖、打鐵舖，他們專精的商業服務，是維持富裕人家運作的關鍵。僕人和店主各自在地方有不同的支援空間，像是距離他們工作地點不遠的酒吧和廉價餐館。第一次世界大戰之前，倫敦的梅費爾區或紐約的上東城都是公認的多元地區，因為兩者皆有「菁英階級與衛星勞動階級混居其中」的特徵。

不過，這類中心地帶卻少了中產階級和中下階級，也沒有城市隨處可見的工業勞工。一八七〇年代起，中產階級和「高收入」勞工階級開始在新市郊建立住宅區，而工業工人則經常被迫居住在工廠鄰近的不佳環境。即便如此，城市外圍地帶依然沒有固定型態，多半都是住宅開發案雜亂林立。不論生活條件好壞，這類空間全都有混雜的地方經濟，和中心地帶一樣。在第一次世界大戰之前，鄰近市郊比較類似於小型的市鎮，而不是第二次世界大戰後如雨後春筍般出現的宿舍型郊區。

二十世紀的城市特徵就是無止盡的同質化。原本居住中心地帶的家僕遷出，意味著倫敦的馬房和巴黎的頂樓公寓成了新型態奢華空間。都市規畫師奧斯曼（Georges-Eugène Haussmann）的夢想是改造十九世紀中期的巴黎，創造出優雅、富裕的空間，澈底排除城市

中醜陋低下的一面；一個世紀之後，他的願望漸漸實現。高雅區域外，大型開發商逐漸掌控都市邊陲地帶和近郊的金融、住宅工程；對這些公司而言，相較於綜合用途和多樣使用者的計畫，高同質性的計畫明顯更具商業吸引力。

最關鍵的一點是，二十世紀的土地使用分區法規，遠比十九世紀的寬鬆標準來得詳盡、嚴謹。土地使用分區法規的演變史固然枯燥，卻是形塑現代城市的強大力量，成文法規的目的就是要杜絕模稜兩可的情況。第二次世界大戰以降的數十年，規畫師越加將焦點放在改造非正規、遭遺棄或無固定型態的空間。

尤其在紐約，規畫師的規範性計畫並非根據城市自身的經驗歸納；他們經由公式化推導開出處方，以分工模式制定空間區分：購物、教學或住宅等空間。原本紐約的都市主義特色鮮明，接連不斷的高聳建築成為一道道街牆，這些街牆讓街道有了綜合用途和使用者；戰後，退縮、獨立的建築趁虛而入取代這些空間，以至於街道上的活動所剩無幾或消失殆盡。

這種囚禁、區分，形成不同用途、空間和族群的過程，在彈性的資本主義制度下加速進行。城市越是被分類成不同的獨立區塊，主僕問題就越是明顯和嚴重。指定各空間明確用途（包括哪些人屬於這裡）的規範、計畫成為「主人」，而人類依然是「僕人」，也就是那些

臣服於這些空間之規則的個人，他們只會根據固有設計用途來運用空間；此外，僕人很清楚知道自己屬於、不屬於哪些空間。當今的紐約，哈德遜城市廣場這個區域的「主人」，就是其中用途明確具嚴格規則管制的公共空間；「僕人」則是依照當初規畫方式使用這個空間的男男女女。這個空間幾乎看不到拉丁裔和非裔美國人的身影；他們知道自己不屬於這裡。

有別於後期較為集權的觀點，根據早期黑格爾對公民社會的思考邏輯，僕人必須對規範毫不在乎，最後才有可能解放自己，例如占據哈德遜城市廣場部分戶外公共空間達到政治目的。與其爭論城市規畫法規之內容，抗爭的人應該要用自己的語言宣告自身行動的正當性，也就是訴諸面對面互動的需求，或是在比較抽象的層次，引用哲學家列斐伏爾（Henri Lefebvre）的「都市權」。眼前這般不對稱的狀態會導致主僕間的意見沒有交集，但若有上述的失序行為，僕人便能解放自己——跳脫主人設定的控制框架。

基於相同的邏輯，康斯坦看到了建立公民社會的可能性。在理想的公民社會中，論述溝通不會具共識地只集中在單一面向議題，以至有利於主人卻不利僕人獲得認可。因為狀態懸而未決，個人才能找到自由的空間：位置和定義不再受限。

城市可以實現這種型態的公民社會，城市的密集和多元人口可以孕育出公民社會的百

態，只要這些都市空間型態的功能並非固著不變。我們想提出的理論是：這類未決、解放的空間所具備的DNA，其實可以經由設計實現。

第二章　開放型態的城市

封閉系統與脆性(Brittle)城市

引人嚮往的城市應該整潔又安全，具備高效率的公共服務，有熱絡的經濟作為支柱，可以提供文化上的刺激，並且盡力弭平社會中種族、階級和文化族群之間的分歧。然而我們生活的城市並非如此。

城市之所以無法滿足上述的種種條件，原因包括政府政策、難以修正的社會弊病，以及超出地方控制權的經濟力量。就這些角度來看，每一座城市都不是自身的主人。儘管如此，對於理解城市樣貌為何，我們還是有很大誤差，而且問題嚴重。想像出理想城市比以往更加困難，第二次世界大戰之後，都市規畫必須嚴守法規與官僚制度，例如相比於一八七〇年巴

黎的法規書，一九六〇年已厚上不少。這情況其實弔詭。

當代規畫師有齊全的科技工具，從照明、造橋、隧道工程，一直到建材等，全都超出百年前都市學者的想像。我們如今所能運用的資源比過去還要多，卻無法以更具創造力的方式運用。

這種弔詭情況可以回溯至一個嚴重錯誤——城市被過度限定的視覺型態與社交功能。技術原本該讓各種實驗成真，最後卻淪為權力體系用於確保秩序和控制權的工具；我們受制於僵化印象和一絲不苟的描述方法，對都市的想像變得毫無生命力。一個世紀之後的現代，我們擁有更先進的技術能力，正是解放城市的時機；我們必須把城市的開放（開放城市）想像成容許實驗、接納非正規事物的空間。

眾人漸漸對城市缺乏想像的端倪，其實從一九二〇年代建築師柯比意（Le Corbusier）在巴黎實施的瓦贊計畫（Plan Voisin）就可以看出。柯比意的構想是將一大片具有歷史意義的巴黎中心地帶，改造成外觀統一的X形建築；街道平面上的公共生活將澈底消失；每一座建築的用途都會經由單一主計畫協調指派。

瓦贊計畫澈底杜絕街道上不受管理的曖昧生活型態，取而代之的是，孤立狀態的居民在

高樓層生活和工作，等同凍結了整座城市。這種垂直式反烏托邦實驗後來經由多種形式變成現實，從芝加哥到莫斯科等城市的公共住宅皆受到瓦贊計畫方法影響，讓這些住家反而變得比較像容納窮人的倉庫。柯比意企圖摧毀充滿生命力的街道生活，而隨中產階級興起的市郊成長正好實現了他的想法——取代綜合商業大街的單一功能購物中心、門禁森嚴的社區、自畫成獨立區塊的學校和醫院。

過度限定造成的後果就是變成脆弱易毀的脆性城市——就現今建築而言，用途一旦轉變，建築會直接被摧毀而非改造；目前英國新建公共住宅的平均壽命是四十年，紐約新建摩天大樓的平均壽命是三十五年。脆性城市看似具有某種開放性，總有新建設能取代舊建設，但這種轉變其實有害。在美國，一般人會逃離衰敗的郊區，而不是重複投資同一個地區；英國及歐洲大陸的狀況也和美國一樣，「更新」內城的貧民區，通常指的是把原本生活在當地的居民趕出去。都市環境中，「成長」是更為複雜的現象，不該只求取代原本存在的一切；成長需要過去與現在的對話，而重點在於進化不是抹除。

這項原則不僅能套用在社會層面，也可以套用於建築層面。社區內的連結不可能只靠規畫師的大筆一揮而就，連結需要時間培養。當今打造城市的方式——區分功能、同質化人口，

透過分區與規範意義先發制人——無法提供時間和空間讓社區進化，這兩項卻是城市成長的必備條件。

脆性城市其實是社會大規模以封閉系統運作所引發的症狀，「均衡、整合」是這類社會型態的重要特徵。

以均衡為導向的封閉系統，源於前凱因斯時代的市場運作理論，主張有一種底線會讓收入和支出維持平衡。運用至國家規畫的層次，資訊回饋循環和內部市場的目的，是確保計畫不會「過度投入」，也不會「讓資源被吸入黑洞」——近期美國在改革醫療服務使用的就是這類語言。都市規畫師討論運輸基礎設施資源該如何分配時，應該也對這些說法不陌生。把一項任務做好最大的限制，就是擔心會忽略其他任務，封閉系統中必須同時兼顧每個層面的一部分。

其次，封閉系統的目的就是要完成整合。理想情況裡，系統每個部分都能在整體設計中適得其所；這種理想所造成的後果就是「排除」，吐出與其他部分衝突或方向迴異的特出經驗。「無法被整合」就是沒有價值。都市環境規畫透過強調脈絡以實踐壓迫式整合，「脈絡」是個文雅但強大的詞彙，可以用來散布懷疑，壓迫任何不一致的事物，確保沒有任何突兀、

違規或挑戰。

強調整合等於抗拒實驗；如電腦界的代表發明家約翰・希利・布朗（John Seely Brown）曾說，每一種科技進展在誕生之時都會帶來威脅，對更大規模的制度造成顛覆和異常。城市也是相同道理。

均衡與整合的孿生失誤會危及教育、社福或企業健全的計畫，如同導致脆性城市；此外，不論是國家資本主義還是國家社會主義，都難逃這對失誤姊妹花的魔掌。封閉系統洩露出二十世紀官僚對失序的恐懼。

封閉社會的對立面不是自由市場，脆性城市的替代方案也並非交由開發商掌管空間。狡猾的新自由主義嘴上說著自由派的語言，暗地裡卻操控封閉的官僚制度，以攫取菁英階級的私人利益。真正能與封閉系統抗衡的，是一種完全不同類型的社會系統。

開放城市

開放城市的代表是義大利那不勒斯，封閉城市的代表則是德國法蘭克福。

開放城市並非我發明的概念，這要歸功於偉大的都市研究者珍・雅各（Jane Jacobs），她在反駁柯比意的都市願景時提出了這個概念。雅各試圖釐清的是，若地方變得密集、多元，會產出什麼結果？例如擁擠街道和廣場所混合的公共與私人功能，這類環境會催生出意外的相遇、機會探索、創新。威廉・燕卜蓀（William Empson）的名句正好呼應了她的觀點：「藝術源於過度擁擠。」

雅各的目標是，讓城市擺脫均衡或整合的限制後，制定特殊的都市發展策略：鼓勵運用相互矛盾的公共空間，包括對現有建築進行古怪簡陋的改建或擴建，或是把愛滋安寧照護廣場設置於購物大街正中央。就她的觀點而言，大規模資本主義和勢力強大的開發商通常偏好同質性——確定、可預測且均衡的型態；因此激進的規畫師扮演著擁護歧異的角色。雅各在令她聲名大噪的發言中表示：「如果密集和多元可以帶來生命力，這兩者孕育出來的生命就是失序。」

假若雅各正如她經常自稱的，是「都市無政府主義者」，那麼她應該屬於比較特殊且保守的類型，理念上接近保守主義政治家埃德蒙・伯克（Edmund Burke）而不是無政府主義

者艾瑪・高德曼（Emma Goldman）。雅各認為開放城市是一種緩慢進展的都市型態；隨著生活讓改變一步步發生，大眾吸收、適應改變的成效會最好。這就是為何那不勒斯或紐約的下東城雖然資源稀少，卻仍然能夠自給自足，居民也因此對地方產生深刻的情感。居民生活的方式是融入這些地方，就像築巢，是時間讓他們對地方產生了依附感。

現在除了歐洲地區以外，我們所熟知的城市全都發展極快；亞洲、拉丁美洲和非洲的都市化是這數十年才發生的事，而不是數個世紀。促成快速發展的各方勢力——開發商、投資人、國家行為體——他們希望打造出封閉型態的城市；換句話說，就是可量化、限定、均衡且全面整合。這些投資人清楚知道自己可以從中獲得什麼。

如果我們希望都市發展能以開放的方式進行，不可能只用「慢下來」或「等等」這些話來與各方勢力抗衡。雅各對城市發展的時間感偏向伯克派的觀點，再加上她支持小型企業，在當今的政經局勢下沒有太大吸引力。事實上，在反對封閉型態城市的情況下，有抗衡作用的設計反而更顯重要。

就我的觀點而言，我思考過哪一種實體型態有助於反制封閉城市，並促進開放城市的發展。森德拉在本書中提出的計畫，會談及可能具有上述效果的實體基礎設施。

地平面上，有三種「都市 DNA」可以在快速且大尺度的都市發展情境下部署，這三種開放城市所具備的型態為：

一、通行領域（Passage Territories）

二、不完整物件（Incomplete Objects）

三、非線性敘事（Nonlinear Narratives）

一、通行領域

「通行」是我們瞭解整體城市的方式，我想花一點篇幅詳細描述城市中通行不同領域的體驗；對規畫師和建築師而言，設計出不同地方之間的通行體驗實非易事。首先，要從牆這種看似是阻礙通行的設施談起，接著探討都市領域的邊陲地帶是以什麼方式發揮牆一般的功能。

之一，牆——

牆乍看之下不是好主意。這種都市設施實際上就是會把城市變得封閉。火藥問世前，人

類遭受攻擊時會躲在牆後；城牆上的大門也有管制人口，進入城市貿易的功能，目的通常是要分辨該收取哪種類型的稅金。至今仍矗立在普羅旺斯艾克斯（Aix-en-Provence）或羅馬的中世紀大型城牆，也許導致我們對城牆有普遍的誤解；古希臘時代的牆比較低也比較薄，不過我們對於中世紀城牆本身的功能也抱持著錯誤的想像。

儘管城牆讓大門緊閉，卻也為城市提供了自由發展所需的位址——中世紀城牆兩側都有住宅；黑市或未稅產品的非正規交易在牆邊層出不窮；因為中央的控制鞭長莫及，靠近城牆的區塊就是異端分子、異國流亡者，以及其他無法融入社會之群體聚集處。支持無政府主義的雅各肯定會深受這類空間吸引。

不過，城牆的特性也很符合雅各對於自然發展的偏好。這些牆的功能和細胞膜類似，兼具滲透性和防護力。而我認為，這種膜狀的雙重功能正是打造現代都市生活型態的重要原則。我們欲建立屏障，就必須確保屏障具有滲透性；在內與在外的分界儘管不能模糊不清，但也得保有彈性。

當代廣泛應用的平板玻璃牆就無法具備上述功能；確實，行人走在街上可以看到建築內部，但是卻無法摸到、聞到或聽到內部的任何一切。平板玻璃通常鎖死固定，內部只會有單

一旦受管制的入口。造成的結果就是透明牆兩側都沒有太多發展機會：不論是密斯・凡德羅（Mies van der Rohe）設計的紐約西格拉姆大廈（Seagram Building），或是諾曼・福斯特（Norman Foster）設計的倫敦市政廳，牆的兩側空間都死氣沉沉；建築內部的生活不會在此積聚。

相對的，十九世紀的建築師路易斯・沙利文（Louis Sullivan）就以更具彈性的方式運用較原始型態的平板玻璃，他的設計像是在邀請人群聚集、進入建築或是在牆角稍做停留；這種嵌入式平板玻璃的功能如同具滲透性的牆。平板玻璃設計的差異突顯當今對於現代材質的應用多麼缺乏想像力，以至於對社會造成影響。

兼具防護力和滲透性的細胞牆概念，可以從單一建築延伸到城市之中不同社區的交會地帶。

之二，邊界——

生態學家如史蒂芬・傑伊・古爾德（Stephen Jay Gould）讓我們注意到，自然世界中有必要清楚區別界線（Boundary）和邊界（Border）。界線指的是某個範圍結束的邊陲；

而邊界則是指不同群體互動的交界處。自然生態系中，邊界是促進有機體交互影響的地方，不同物種或物理條件交會在此。舉例來說，湖濱線是水體和土地的交界處，是互換活動相當活躍的地帶；各種生物可以在這裡找到和攝食其他生物。湖裡因溫度分層也是相同的道理：層與層的交界處就是生物活動最密集的區塊。想當然，交界處也是天擇過程最劇烈的地方，而界線便是指稱一種具防衛的領域，例如獅群或狼群看守之處。界線畫分出封閉空間，邊界的功能則比較類似於中世紀城牆，是一個閾限空間（Liminal Space）[6]。

回到人類文化的範疇，領域是由概念類似於界線和邊界的空間組成，最明顯的，就是城市中門禁森嚴的社區與複雜、開放街道的比較。不過落到都市規畫層次，區別更為明顯。

當我們開始想像社區生命力從何而來，通常會往社區中心尋找；當我們想要強化社區的生命力，都會試圖增強中心的生命力。一般認為邊陲地帶比較了無生氣，而現代的規畫措施，如用高速公路封起社區邊緣，確實會創造出缺乏滲透性的僵化分界。然而，忽略邊陲地帶的狀況——或可稱分界思維——意味著不同種族、文化族群或階級社區的交流會消失。獨厚中心的情況下，等於削弱了連結城市中不同人類群體必要的複雜互動。

請容我用自己失敗的實務規畫舉例說明：幾年前，我參與了一項計畫，要為紐約西班牙

哈林區的西班牙裔社區成立專屬市場。位在曼哈頓上東城九十六街這一帶，是紐約市的貧困社區之一。而只要在九十六街南邊突轉，就會看到全世界最富裕的社區——從九十六街延伸到五十九街——相當於倫敦的梅費爾區或巴黎的第七區。所以，九十六街本身發揮了界線或邊界的功能，但我們這些規畫師做了錯誤決策，選擇把雜貨市場 La Marqueta 設置在西班牙哈林區正中心，把二十個街區外的九十六街當作毫無生氣、沒有活動的邊陲地帶。如果當初把市場設在九十六街，也許就能促進活動，讓富裕人口和貧困人口能進行某些日常商業接觸。比較聰明的規畫師從我們的錯誤中學習，以在曼哈頓西城開啟不同種族和經濟群體的交流大門為目的，計畫將新的社區資源配置於社區之間的交界。當初我們優先重視中心，卻導致當地遭到隔絕；如今他們理解邊陲地帶和邊界的價值，因此促成整合。

我無意過度美化這種大膽的規畫——開放邊界代表不同強弱的群體會面臨競爭。邊界有時候會是較激烈而非友善的交流場址，想想看自然生態系邊界環境的掠食狀況就知道了。話雖如此，我認為承受這些風險，是我們在城市打造出長期社交集體生活的唯一方法，就像現在有些規畫師在黎巴嫩的貝魯特（Beirut）和賽普勒斯的尼古西亞（Nicosia）面臨更變動的環境條件；畢竟，孤立狀態並沒有辦法真正確保文明秩序。

具滲透性的牆以及有邊界功能的邊陲地帶，都是城市的開放系統中不可或缺的實體元素。具滲透性的牆和邊界可以打造出閾限空間，這種空間中，控制是有限度的，正因為有限度，才能容許意料之外但定位集中在此的事物、行為和人出現。生物心理學家利昂內・費斯汀格（Lionel Festinger）曾指出閾限空間定義了「周邊視覺（Peripheral Vision）」的重要性。就社會學和都市研究的層面而言，這些位址的運作方式，不同於其他只把焦點放在中心的地點；在地平線、在周邊、在邊界，差異都會浮現，因為有人會注意到自己正在跨出一個領域並踏入另一個領域。

二、不完整型態(Incomplete Form)

牆和邊界的討論會自然導向開放城市的第二種系統特徵：不完整型態。不完整的型態看似是組織結構的大敵，事實並非如此，設計師反而應該要以特別的方式打造出「不完整」的特殊實體型態。

例如，在設計街道時，當建築以街牆為基準後推，前方空出的區域不該列入真正的公共空間，只能算是建築以街道為基準往後退。大家都清楚實際結果如何——街道上的行人通常

會避開內凹空間。將建築往前移才是比較理想的規畫，即便此建築原是都市構造的其中一部分，但因為這個整體被局部披露，感知上反而轉換成非完整物件，如此一來也能與其他建築產生交互作用。型態的不完整也和建築本身脈絡相關——古羅馬時代，皇帝哈德良的建築師把萬神殿視為具自我指涉功能的物件，但整體都市結構上，萬神殿也能與周遭特色不鮮明的建物共存。許多其他代表性建築上，我們也能觀察到相同共存狀態：倫敦的聖保羅大教堂、紐約的洛克菲勒中心、巴黎的阿拉伯文化中心——全都是足以活化周遭建物的建築傑作。真正造就都市的關鍵來自這種活化作用，而非因為附近建物被相比得平凡無奇——某單一建築座落在此，促進周遭發展與成長，繼而和其他建物產生交互作用，被賦予了獨一無二的都市價值。原本被視為獨立物件的這類建築，隨著時間，會展現出一種不完整的型態。

重點是，不完整型態是一種創作信念。例如造型藝術以刻意未完成的雕塑呈現；詩歌裡運用華萊士・史蒂文斯（Wallace Stevens）指稱的「片段手法（Engineering of the Fragment）」呈現。建築師彼得・埃森曼（Peter Eisenman）提出的「輕建築（Light Architecture）」一詞呼應了上述的信念，刻意將建築規畫成容易擴建的型態，或是更有必

要地，讓建築可以隨著居住需求變化而漸漸改建內部。

這樣的信念是相對於脆性城市常見的型態替換，但這也是很具挑戰性的相對概念，例如當我們試圖把辦公室隔間改裝為居住用途，過程中的衝突可想而知。

三、非線性敘事

城市並不是隨著時間直線發展。城市的外觀會因為歷史事件改變了大眾的生活型態而一再變化。然而規畫城市最常見的狀況是，我們會假設特定計畫可完全依照時間順序發展，從構想到實現的過程中幾乎沒有修正的餘裕。當然，一開始的確必要進行精算以降低物料和人工成本，而且也不可能以反覆試驗的方式建造機場或下水道系統。不過，這兩例都是大型建設，以住家、學校、辦公室或商店的層級而言，較小規模的建設有隨著用途或使用者變化改建結構型態的彈性。

不完整型態有助於實現這種實體上的改建；大量集中成群後，這些不完整型態的建築就能讓城市以非線性的形式發展。舉例來說倫敦有大量可改建建築座落於東區的斯皮塔佛德（Spitalfields）住宅區——原先十七世紀法國胡格諾派（Huguenots，新教的支派）將編織

技術和紡織工引進倫敦；到了十九世紀後期，來自東歐的裁縫技術和猶太裔裁縫取而代之；二十世紀初期，來自西印度群島的建設工人開始湧入倫敦，延續至二十世紀中期，則有孟加拉和印度的小型貿易商。彈性的建築型態集群讓不同族群可以在同一個空間謀生，這些移民以非正規的方式達到共存狀態，與建築實體型態的靈活用途相得益彰，直到後來斯皮塔佛德漸漸仕紳化，導致大部分的移民被排除在外。

這段歷史並不是因為有人規畫才發生；斯皮塔佛德從來沒有設立過「這裡歡迎移民」的標示，不過，規畫師還是從這種自發成長過程中學到經驗。我們可以在小型計畫應用反射性的策略，這表示要把焦點集中在特定計畫展開的各個階段，尤其是我們一定要釐清哪些元素必須先發生，而這個起頭的動作又會引發什麼結果。與其追求一板一眼地邁向單一目標，我們更應該關注設計流程中各個階段可能促成差異且衝突的可能性。確保這些可能性不被扼殺，讓相互衝突的元素自然作用，就能讓整個設計架構更開放。

如果小說家在故事的開頭便宣告「接下來會發生這些事」——角色會有什麼發展性、這

個故事有什麼意義——讀者一定會立刻闔上這本書。任何出色的敘事技巧都具有探討意外情況、發掘事物的特性；小說家的技藝就是要形塑這個探索的過程，都市設計師的技藝也是相同的道理。

簡而言之，我們可以把「開放系統」定義為，在發展過程中允許衝突和歧異。這項定義正是達爾文對進化的核心理解；他想強調的不是適者（或最美麗者）生存，而是成長的過程將不斷在均衡和不均衡之間拉扯。型態僵化、計畫停滯的環境，終究會被時間掃進灰燼；生態多樣性才能為自然世界提供驅動改變所需的資源。

上述的生態觀點同樣適用於人類的居住狀態，然而二十世紀的國家規畫卻不是以這類觀點為準則。不論是國家資本主義或國家社會主義，對成長的理解都不同於達爾文對自然世界的理解：如果在一個環境中，不同功能的有機體可以互動，這個環境就會獲得多樣的能量。

在最後的結論，我想談一談開放城市的系統分類和民主政治之間的連結。我在前文提到的型態，會在什麼層面上對民主實務有所貢獻呢？

民主空間

當城市以開放系統運作，融合領域滲透性、不完整型態以及非線性發展的原則，就會具備民主特性，主要指的是接觸經驗層面而非法律層面。

過去討論民主的重點會放在正規政府治理的議題；如今焦點則集中在公民權與參與相關議題。「參與」是一種與實體城市及其設計關聯密切的議題；舉例來說，古代希臘城邦的雅典人會在半圓形劇場進行政治用途活動；這種建築型態讓觀眾可以聽清楚和看清楚辯論中的講者，也讓其他參與者的回應能在辯論過程中傳達出去。

現代的我們並沒有類似的民主空間典範，當然，對於都市民主空間也沒有清晰的認知。哲學家約翰．洛克（John Locke）將民主定義為可以在任何地方實踐的法典；在美國開國元勛湯瑪斯．傑佛遜（Thomas Jefferson）的眼裡，民主則和城市生活型態相互牴觸，他認為能實現民主的空間不會大過一個村莊的尺度。傑佛遜的觀點後繼有人，從十九到二十世紀期間，民主的擁護者都認同小型的地方社群，以及面對面的互動關係。

現今的城市規模龐大，充滿各種移民和多元的文化族群，城市的居民可能會同時屬於多

個不同的社群，不論是透過工作、家庭、消費習慣還是休閒嗜好。以倫敦和紐約這類全球化城市而言，公民參與的關鍵議題是，居民要如何才能在實體和社交層面感受到連結，而且是和他們想必不認識的其他居民連結。民主空間的意義，就在於創造一個論壇讓陌生人能彼此互動。

PART II.
INFRASTRUCTURES
FOR DISORDER

第二部

設計「失序基礎設施」

帕布羅・森德拉

第三章　從草稿到計畫

初次讀到《失序之用》，我二十五歲，和當年理查・桑內特撰寫此書同齡。閱讀當時正值二〇〇九年初，資本主義危機和經濟衰退開啟了充滿不確定的時代，也培養出社會運動的契機，例如二〇一一年在西班牙發生的15-M運動（又稱反緊縮運動，示威者反對歐債危機後的緊縮政策與傳統政黨政治），以及在美國、英國和其他國家陸續發生的占領運動。一九七〇出版的《失序之用》，深受一九六〇年代新左派和反文化運動的影響，桑內特本人在二〇〇八年版本[7]的前言也承認了這一點。

上述的社會政治情勢對桑內特所造成的影響，讓他的觀點有別於其他論者對於現代主義都市設計的立場，例如珍・雅各[8]。社會規範的爭議促使桑內特把關注焦點集中在個人身分認同，以及城市生活型態對這種認同造成何種影響。沿此脈絡，桑內特認為都市經驗具有複

雜和不確定的特性，是培養成人身分認同必經的過程，讓個人藉此做好準備面對預期外的狀況，或是接觸差異。也因此，桑內特立場不同於雅各，雅各試圖呼籲的，是重建過去常見「生活於城市鄰里間小規模且親密的互動關係[9]」。桑內特則並非浪漫追求復興過去鄰里生活型態，轉而對建立適合未來都市生活的環境提出建議，以讓居民能透過都市經驗學會接受失序狀態。桑內特也指出，規畫過度限定功能的都市，會消滅預期之外的接觸經驗，以及阻礙社交互動。

《失序之用》已出版五十年之久，都市再生計畫的目標卻仍未脫離於移除不合規範的行為、馴化非正規狀態等的設計策略。儘管五十年後《失序之用》的論點依然成立，但我不禁開始疑惑——建築師和規畫師真的設計得出失序狀態嗎？

一九六〇年代，桑內特在城市生活中所觀察到的種種限制，源於非常特殊的政治脈絡——當時因為大型都市更新計畫產生，開始施加特定的社會規範，計畫內容包括大規模建設住宅和都市高速公路，另外，富裕社區也逐漸遷往城市郊區。如今社會政治脈絡已非昔日，透過都市規畫和設計施加秩序的做法卻依舊持續運作。

一九六〇年代和二〇一〇年代的兩個十年間，反對施加秩序、社會控制與都市發展的爭

論、社會運動不斷，只因這些措施加劇了不平等，以及製造疏離感。為了釐清現代城市需要哪種類型的失序狀態，我們必須先辨識出施加的秩序有哪些多樣型態，以及這些規矩引起了什麼爭議。

我們在這裡談到的「失序」並非僵化的設計，也不是暗指都市和建築型態雜亂無章，完全不同於後現代主義解放自現代主義的概念。正好相反，我們要把失序視為對施加秩序的反擊與不服從，既然社會控制是透過都市規畫和設計變更而實行，失序是一種不穩定的動態，在變化過程中會挑戰既有的制度並提供替代方案。

桑內特在一九六〇年代後期寫作《失序之用》時，美國正經歷冷戰與越戰，當時行動主義（Activism）興起，桑內特在二〇〇八年版本的前言提出了反思：年輕人認為自己正「站在革新改變的浪頭上[10]」，深信資本主義即將崩塌。感覺自己身處於十分特殊的運動浪潮，遇上挑戰衰敗制度的時機，此種心態類似於參加15-M運動與其後續行動主義、政治倡議的年輕人。

二〇〇八年的金融危機，對西班牙造成意外的打擊；經濟危機、高失業率，許多家庭無力負擔房貸，無家可歸，再加上民眾對圖利有權勢者的制度感到不滿，導致整個社會動盪不

安，最終二〇一一年五月十五日引爆了占領西班牙所有城市中央廣場的運動。

15-M運動始於馬德里，迅疾蔓延至西班牙境內每座城市，白天民眾高聲抗議並設想著非典型未來，夜晚則就地紮營。原本滿足於現狀的世代在二〇一一年五月十五日覺醒，危機時刻起身對抗不公、讓銀行家和經濟強權霸占特權的制度。儘管示威者中極高比例與我同屬相同世代，15-M仍是一場代表跨世代的運動，獲得全面的支持。

民眾停止廣場紮營後，開始了定期聚會，目標是構思出擺脫資本主義的另一種未來。15-M運動爆發後三年，為實現這場運動理想而成立的政黨「我們可以（Podemos）」，把「狂風暴雨（Asaltar los cielos）」當作口號，也是馬克思曾用來形容一八七一年巴黎公社的說法[11]。「我們可以」呼籲各方社會運動團結，不斷宣傳西班牙正處於關鍵時刻，必須挑戰制度並選出源自草根階級的政府。

該黨的創辦人之一，伊尼戈・埃雷洪（Íñigo Errejón）與比利時政治哲學家尚塔爾・墨菲（Chantal Mouffe）對談時指出，制度的缺陷打開了機會之窗，但很快就會被有權勢者再度關上[12]。

二〇一一年十月爆發占領運動時，我正好有幾個月需待在劍橋大學。當時的知識分子

圈也同樣有所感受，此刻正是改革制度的關鍵時機。社會學家曼威．柯司特（Manuel Castells）到劍橋授課並發表他的研究：科技在社會運動中所扮演的角色，例如阿拉伯之春（Arab Spring）和西班牙的憤怒者運動（Indignados Movement）。桑內特則是在紐約占領運動發生的期間，前往劍橋大學和倫敦的蛇形藝廊展亭（Serpentine Gallery Pavilion）以社會互動為題講課。

然而，儘管埃雷洪觀察到，這個制度上的危機是短期內不該錯失的機會，他也指出長期而言必須完成另一項任務，亦即重建因新自由主義分崩離析的社會，而《失序之用》已於五十年前就提及這種長期的變革。欲促成長期

15-M 運動示威，位於西班牙塞維利亞（Seville）的德拉恩卡納西恩廣場（Plaza de la Encarnación），此建築常被稱為「蘑菇（Las Setas）」。2011 年 5 月。攝影：Pablo Γ.J. (Flickr). CC BY 2.0.

改變，我們不只需要撤換政治領袖，也必須思考改革之後的情勢。在一九六〇年代末期的抗爭情勢下，桑內特提倡的是新無政府主義（New Anarchism），也就是大眾學著接受生活裡失序其實有益。他認為接受失序是多元且人口密集城市必備的條件，也呼籲將「把都市視作大型基礎科層體系」的設定，轉換為「更理想的集體生活型態[13]」。新無政府主義不僅止於拒絕當前制度，更提供了可行的替代方案，重組大都會的官僚權力。

這種新制度兼顧分權（Decentralization）和地方主義（Localism），將權力移轉給社區並提供經濟資源，而中央分配物資與管理特定服務的權力，則有一定限度。以這樣的分權制度為前提，桑內特提倡讓更多人參與規畫城市的工作。

在倫敦的占屋運動中，可以見證一九七〇年代新無政府主義的類似實例。亞歷山大・瓦蘇德萬（Alexander Vasudevan）在著作《自治城市》（*The Autonomous City*）中提到，一九六八年有新一波占屋行動發生在倫敦[14]，並分析某些成功的占屋行動，是如何引發倫敦眾多其他地區興起的占領行動，有些倡議甚至是橫跨整個倫敦的組織協調。瓦蘇德萬也解釋，這些占屋行動並非僅為突顯居住層面的困境，也提出了全新社區生活的模式，和桑內特在本書中的提議不謀而合。瓦蘇德萬也指出占屋團體及行動和其他倡議與運動有關聯，例如

情境主義國際（Situationist International）、無政府主義者和其他左派團體，以及女性主義和LGBTQ+群體[15]。

舉例來看，多元組成的「弗瑞斯頓尼亞（Frestonia）」團體，占居了位於倫敦西區弗瑞斯頓路（Freston Road）上、大倫敦委員會（Greater London Council）所擁有的廢棄住宅。住宅即將拆除的公告發布後，一群藝術家和行動主義分子便以很有創意的方式做出回應，他們集體決議全體成員姓氏改為布藍來（Bramley），以這個策略應對大倫敦委員會的政策：「家庭成員必須搬進新住處以單一家庭的型態生活。」並宣布自大英國協中獨立。

接著，擔任弗瑞斯頓尼亞外交部長的演員大衛・拉普帕波特－布藍來（David Rappaport-Bramley）致信聯合國，宣告他們的自決結果，繼而申請成為聯合國正式成員：自由獨立弗瑞斯頓尼亞共和國（Free Independent Republic of Frestonia）。這份書信文件中，他們向聯合國提出警告，必須注意「對弗瑞斯頓尼亞的入侵行動，以及遭到大倫敦當局和其他英國政府組織驅逐」的可能性[16]。從弗瑞斯頓尼亞獨立那刻起，任何入境訪客都需在護照蓋章，取得不限次數的入境簽證。雖然聯合國從未回覆他們的申請，但弗瑞斯頓尼亞成

功吸引媒體注意，最終大倫敦委員會不得不與這些占屋者協商，為他們成立布藍來住宅合作社（Bramley Housing Co-op），並與諾丁丘住宅信託（Notting Hill Housing Trust）合作興建新的住房[17][18][19]。

一九七〇年代後期以降，大倫敦委員會持續推動將占屋團體轉型為住宅合作社。如瓦蘇德萬所分析的，此舉可以確保多數占屋者的租賃狀態，同時也適度緩和了倫敦的占屋行動[20]。是否要與地方主管機關協商，將不符法規的情況合法化，在一九七〇年代一直是行動主義團體關注的議題，直至當代仍是如此。這項爭議讓相關的討論浮上檯面：與主管機關協商是否或多或少削弱了失序的影響力，又或者這其實是政治層面上的勝利，可以催生出不同樣貌的未來，並引進更具包容性的社區生活型態？

一九七〇年代源於倫敦的新無政府主義，在二〇一〇年代捲土重來，社區團體反對新自由主義的緊縮政策，並提出替代的集體策略。以較近期的行動主義而言，由社會住宅租戶和居民組成的團體採用明顯更加多元的策略，以阻止住家遭到拆除，同時也提出「由社區共同主導」的替代方案[21]。這些策略包括占用無人使用的建築等此類直接行動，或積極參與都市規畫流程，由社區組成土地信託，要求當地主管機關將住家轉移到社區共有的公司名下，並

且/或者採用依英國二〇一一年「地方主義法案（Localism Act 2011）」推出的法定規畫架構：「鄰里規畫（Neighbourhood Planning）」，以擬定計畫改造住宅群。

因這些團體大力、積極參與，讓許多居民一起成為規畫住宅和對抗不公的專家。類似情況也出現在蘭貝斯（Lambeth）的克雷辛漢花園（Cressingham Gardens）居民發起的活動，或是漢默史密斯－富勒姆（Hammersmith and Fulham）的西肯辛頓（West Kensington）、吉比司格林（Gibbs Green）兩處住宅，這兩處位於倫敦的社會住宅，都有居民起身反抗拆除、改建的計畫，皆展現出居民有強大的能力可以採取行動、學習規畫知識，並且與專家合作提出由社區主導（甚至是由社區所有）的替代再生計畫。

這正好呼應了桑內特的提案：「基進地將參與行動的民眾廣泛納入城市規畫師和領導者的行列[22]」。這也代表一種特定形式的反抗力量，不僅反對由上至下的規畫流程，更由下而上提出集體生活的替代方案。有些這類行動已經成功對官僚體系決策過程產生影響，說服了地方主管機關停止與私人開發商合作。儘管在奉行新自由主義的現代倫敦，要將權力從地產開發商轉移到大眾手上看似遙不可及，但這些社區團體設想的未來替代方案納入集體所有制這類的理念，可以作為集體打造出更公平城市的榜樣。

然而，我們要如何將這些由社區提議的另類集體生活型態，擴大尺度到城市的層級？這仍然是行動主義和社會運動當前的一大挑戰。

有兩種方式可以將反抗力道擴大到城市層級：一、網絡組織，二、城市自治主義。這兩個元素不該互斥，而且皆有必要，兩者其實能夠互補並持續互動。網絡組織可以解決如何長期維持民間抗爭力量的問題，進一步建立相互連結的地方倡議行動，以便提出不同型態的治理和集體生活方式；城市自治主義則可以解答，如何將現有的體制轉化為更開放、民主的組織架構。

在我近期於倫敦參與行動主義的經驗中，我持續與「Just Space[23]」合作，這個遍及全倫敦的行動網絡，致力於讓民間組織的意見被納入都市規畫中。與這個團體合作期間，我體會到這類網絡組織的重要性——不僅協助讓歷經類似困境的社區得以結盟，也能共同研擬出解決的替代方案：

第一、結盟可以營造社區之間的凝聚力，讓缺乏歸屬感的居民和地方商家感受到自己並不孤單。

第二、這些社區可以彼此學習如何挑戰權力，並提出治理和規畫城市的替代方式，像這

樣在社區之間交流知識和技能，有助於居民、租客和地方商家培養出更多樣的能力和專業，在參與規畫時也能更有力地發聲。

第三、因為有遍及全倫敦的社區同盟組織，社區具能力提出意見並影響規畫決策，也可以共同提案讓城市策略更加包容且民主的方法[24]。

建立社會運動網絡組織的概念，其實建立在無政府主義的理念之上，亦即多個自治團體組成共同的聯盟，沒有階層之分。一九七〇年代的倫敦占屋運動中，部分團體試圖建立此類型態的網絡組織[25]，如今有了不少住宅合作聯盟從城市層級開始組織並往國際發展的實例，集結認同特定價值、原則的合作夥伴，並且定期聚會以調整願景目標、推廣合作主義（Cooperativism）[26]。

這類網絡組織需要與現有的體制保持互動，才能挑戰城市主管機關，並將他們改造成更加開放且包容的治理型態[27]。西班牙的相關經驗正是社會運動進入城市體制的好例子，二〇一五年五月二十五日，15-M運動爆發四年後，社會運動成功推動自治城市政治倡議，相關候選人在馬德里、巴塞隆納、拉科魯尼亞（A Coruña）、加的斯（Cádiz）和薩拉戈薩

（Zaragoza）等城市的地方選舉中獲勝[28]。

行動主義分子參與地方政治之後，由官僚體系組成的城市結構，會因此轉變為更開放的治理型態。這些開放的地方政府實際執行政策、策略，避免私人利益導致城市的不平等惡化。例如巴塞隆納在二〇一八年成立了專屬地方電力公司，用以解決能源貧困的問題，並大力查緝無執照的觀光客民宿。此外，這些自治城市派的當局也正在實驗更開放的治理型態、資源分配，他們積極與社區合作進行城市規畫實驗，包括採行參與式制度，透過開放原始碼平台分配經濟資源，以做各項社區倡議之用。

《失序之用》中桑內特提到，建立「新的城市體制」所需要的第一項變革，就是提升參與規畫的公民人數[29]。第二項變革則牽涉到推行比較水平型態的治理，雖然阿達・科洛（Ada Colau，巴塞隆納市長）和曼努埃拉・卡梅納（Manuela Carmena，擔任馬德里市長至二〇一九年六月）都展現出強勢的領導風格，但他們的行政團隊仍是以水平形態治理。左派組織「巴塞隆納共同體（Barcelona en Comú）」的蘿拉・羅斯（Laura Roth）和凱特・西亞・貝爾德（Kate Shea Baird）認為，這種無階層狀態表現出一種「政治女性化（Feminization of Politics[30]）」，以更偏向合作的模式取代階層結構，例如讓鄰里大會和委員會一起參與

決策過程。

桑內特提議的第三項體制變革，是削弱「家庭影響力的強度[31]」。過去五十年來社會劇烈改變，包括生育年齡延後、家庭結構更加多元，在肯認LGBTQ+權利方面也取得重大進展。這些進展大多要歸功於社會運動對政府造成的壓力以及兩者間的互動，使政府必須實行如婚姻平權等政策。二〇〇五年之所以能在西班牙實行婚姻平權（包括領養權），社會運動以及LGBTQ+行動主義分子佩德羅・賽羅（Pedro Zerolo）的政治能見度發揮了很大影響力。此後，LGBTQ+政治人物變得更勇於發聲，同樣影響了西班牙的家庭組成多元性。

安德烈斯・賈克（Andrés Jaque）和他成立的政治創新辦公室（Office for Political Innovation），長期研究現代家庭是如何變得更加複雜且多元，根據賈克的說法，這種轉變導致家庭領域變成爭論與協商的場所[32]。此外，二〇一八和二〇一九年的三月八日婦女遊行都有大量人潮參加，突顯出女性主義對父權社會造成挑戰的相關社會討論正在發酵。

民間網絡與地方自治共存且持續互動是一大關鍵，羅斯和貝爾德將這種互動詮釋為「地方體制於內部、外部間的創意激盪[33]」，也就是民間運動和網絡組織可以對地方政府施加壓力，並且參與決策過程。由自治城市派如巴塞隆納共同體所組成的政府，會把來自社會運動

的壓力視為正向且必要的力量，以便制衡可能來自其他利益關係人的壓力。二〇一九年科洛在連任巴塞隆納市長之後的第一場演講提到，第一任期四年間的所有政績，都是社會運動推動變革後才達到的成就。

這種反抗「施加秩序」的行動在五十年前如何化作行動，今日形式如何？在倫敦北肯辛頓，沿著西路高架道爆發的社區抗爭運動，就顯現出了當代和五十年前行動主義之間的關聯性。行動主義分子所反抗的施加秩序各有不同型態，不過一九六〇年代末期的事件確實和當代行動主義分子正在進行的工作有所連結。

西路高架道是貫穿北肯辛頓的高速公路，這個地區位於倫敦西區，以波多貝羅路市集（Portobello Road Market）聞名。這段高架高速公路興建於一九六六到一九七〇年[34]，一九六四年開始住宅拆除工程。高架道工程是打造「倫敦高速公路區（London Motorway Box）」的一環，這項極具野心的計畫打算興建環繞內倫敦的環形道路系統——必須徵收、摧毀數千戶住家——不過在倫敦各地團體強力反對並組成政黨「家園優先（Homes Before Roads）」後，計畫便在一九七三年取消[35]。西路高架道是原先計畫中少數竣工的高速公路，導致一處弱勢社區內的許多住家遭到拆除，住宅區從此變成超大型工地，時間長達六年。拆

除過程中，名為「倫敦免費學校（London Free School）」的社區行動團體，也就是一九六六年首屆諾丁丘嘉年華會（Notting Hill Carnival）的主辦單位，開始把部分清空的位址挪作遊樂場[36]。基於休閒空間的需求，北肯辛頓休閒空間團體（North Kensington Playspace Group）就此成立，力求爭取更多空間[37]。當時地方議會已規畫於西路高架道下方興建停車場，工程卻尚未取得規畫核准，居民得知後開始呼籲其空間應該要供社區使用。

多年來，在地人在西路高架道下方建設社區空間，例如位於聖馬可斯路（St. Marks

聖馬可斯路附近，西路高架道下方的遊樂場。1968 年。
相片來源：亞當・瑞奇（Adam Ritchie）

Road）和拉德伯克街（Ladbroke Grove）之間的自建遊樂場。經過數年的行動，北肯辛頓設施信託（North Kensington Amenity Trust）於一九七一年成立，宗旨是爭取西路高架道下方二十三英畝的空間，以補償社區因為公路工程而受到的損失[38]。雖然對居民來說是關鍵的一次勝利，許多參與行動的成員卻有不滿的反饋，最終對信託有實質掌控權的是肯辛頓－切爾西議會（Kensington and Chelsea Council）[39]。

北肯辛頓在一九六〇、七〇年代的倫敦反主流文化中占有一席之地[40]——緊接六〇年代的西路高架道社區空間再生行動之後，弗瑞斯頓尼亞或同時花園（Meanwhile Gardnes）等倡議活動於一九七〇年代登場。同時花園為西路高架道附近的公園和社區基礎設施，是由當地人利用鐵道和運河之間的廢棄土地從零開始興建[41]。上述實例，都體現了《失序之用》提議的無政府主義城市。

然而，如果說北肯辛頓是一九六〇和七〇年代社會氛圍具革新精神的典型例子，我們也必須注意，這個案例同樣突顯出當今新自由主義城市的發展矛盾——超級資本主義城市是如何成功盜用，並且商品化在一九七〇年代被視為革新的事物。

舉例來說，二〇一五年西路高架道信託（Westway Trust，前身為北肯辛頓設施信託）

開始執行商業計畫「西路高架道地標（Destination Westway）」，欲將信託管理的空間改建為零售地標，用新建築取代波多貝羅綠色市集的帳篷攤位。這項計畫面臨社區的強烈反對[42]，社區還因此組成名為「Westway23」的行動，呼籲二十三英畝的土地應該要供社區使用。後來改建帳篷攤位的計畫取消，但社區的行動並未停止。

我在二〇一六年十一月見過參與行動的成員，當時馬可・皮卡迪（Marco Picardi）正在主持由CivicWise[43]主辦的導覽，他帶著我們會見西路高架道附近不同的社區行動主義分子以及組織，他們都參與過當地的社區抗爭活動。我以西路高架道一帶的行動主義為主題，拍攝了一部簡短的紀錄片，由來自Westway23的在地行動主義分子陶比・羅倫・貝森（Toby Laurent Belson），在片中解說西路高架道的歷史、當前的社會運動[44]。在這之後，我和Westway23進一步合作，共同組織專為都市規畫領域學生設計的夏季課程[45]。

Westway23參與一系列地方行動，都是為了抗議新自由主義城市施加的各種秩序，以及日益擴大的不平等現象：Westway23力爭西路高架道下方空間要真正為社區所用的同時，附近的另一項行動則呼籲地方圖書館應該要維持公共性質，起因於議會規畫將這個空間出租給預備學校（在英國指的是提供小學一年級到中學二年級課程的私立學校，以協助學生通過升學考試為目標），

供富裕家庭的學童就讀[46]。還有另一個團體是反對當地的擴充教育學院（為十六至十九歲青少年於義務教育後，提供全時或短時教育）與更大型的組織合併，因為這可能會導致這處的學院分部從此消失[47]。此外，長期以來都有批評聲浪，認為這一帶的社會住宅缺乏投資且管理不良，附近的格蘭菲塔（Grenfell Tower）以火災無情地方式證明了這一點，至少有七十二人死於這場慘劇。

這些行動極力對抗新自由主義城市所施加的限制，並訴求能賦予社區應有權力的不同可能性：他們抗議遭到縮減、管理不當又缺乏投資的社會住宅、社會清洗，以及由上至下、只滿足特權階級需求的決策形式；他們要求保存社區的公共資產和教育設施，並爭取更多由社區管理的空間。

格蘭菲塔火災讓大眾開始關注這個區域，在二〇一七年六月十四日，整個社區聯合起來針對這次意外採取行動。當地的行動主義分子在阿克藍路（Acklam Road）的西路高架道下方占據空間設置據點，儲放幫助受災戶的捐款。這個位在阿克藍村的空間叫做「Bay 56」，後來變成由在地行動主義分子管理的社區空間——再一次證明社區有辦法運用空間來籌備活動和釋放創意潛能[48]。也許比較失序的城市樣貌就是如此？

如果說失序的定義是不穩定的狀態，同時也是對於強加制度的回應手段，那麼我們提出的都市設計策略，應該要挑戰當前施加秩序的型態，亦即那些使地方文化商品化、導致都市環境疏離、引發社會排斥和缺乏歸屬的僵化設計。不同於上述強加的秩序，設計失序意味著設計出有彈性、有適應力且接納持續變化的都市介入措施；這些設計鼓勵以非正規、自然且未經規畫的方式運用公共場域；這些設計會激發文化表達；也可以透過建設公共場所供大眾互動和分享興趣與經驗，創造出包容差異和未知的社會氛圍。

讀畢《失序之用》，我開始研究如何把這些想法從草稿變成計畫。由於擁有建築和都市設計等相關經歷，我希望能運用都市設計中的「介入措施」進行實驗，把桑內特在著作中討論的失序類型化為現實：無管制的公共空間可以讓大眾學會如何包容差異，同時具備促進社交互動和隨興活動的功能。我運用都市設計進行實驗的方法包括繪圖和文字討論——現代主義風格林立的住宅群中，公共空間該如何改造成適合社交互動的空間。

沒多久我就面臨矛盾的困境——如果「設計」就是為都市空間引進更多秩序，我們如何能「設計失序」？為了處理這種矛盾，我決定從基礎設施著手。之所以把基礎設施視為起始點，主因我認為基礎設施可以滿足特定條件，進而提供改變的可能性，又不會限制未來的發

展。這一部的標題「設計失序基礎設施」，就是個人基於上述思考所提出的專有名詞，我將其定義為一種初期的介入措施，功能在於滿足特定條件以促進公共場域的隨興運用，讓後續長久且開放的城市發展過程能以此為起始點。

這些初期基礎設施的功能是促成開放且具彈性的制度，同時鼓勵大眾以預期外的方式運用空間。這類公共場域的設計來自社區行動、協商後的結果，也就是《失序之用》所建議的模式[49]。協商過程可能會引發討論、爭辯，甚至相互衝突，但這些狀況都能以正向角度詮釋，使用空間的這些人正在進行社交互動，並且以創新方式實現集體生活。

我的提議不僅限於設計出「技術層面」的基礎設施；實際上我認為實體基礎設施與該地點的社會、文化層面的基礎設施緊密相連，甚至相互依存，任何一種介入措施都應該考量這層關係。「介入都市基礎設施時——包括地下設施、都市空間中匯集的各種實體元素、社會層面的基礎設施，或是協商共用空間和共同生活的過程——務必仔細觀察公共場域中各式各樣的關係。」人文地理學者艾許・阿敏（Ash Amin）和奈哲爾・斯里夫特（Nigel Thrift）皆認同應該透過上述方式觀察城市，也就是「由內到外」而非「由外到內」，「因為城市的運作方式就是由下而上[50]」。同時，兩位學者也建議將基礎設施視為「政治行動的焦點[51]」。

後文的重點會放在以介入措施對實體、社會層面的基礎設施所進行的實驗，分出〈地面之下〉、〈地面之上〉、〈斷面層次的失序〉和〈流程與流動〉四章，配以插圖實例詳細解說。〈地面之上〉探討如何以介入措施建立基礎設施所需的發展條件，以解放過度限定的都市環境，激發大眾與新建環境之間新生的互動關係。由於基礎設施包含實體和社會層面，後續三個章節則會分別討論到這兩種面向——〈地面之上〉、〈斷面層次的失序〉兩章探討具介入措施的基礎設施在地面層、地面層以上呈現什麼型態；〈流程與流動〉則針對這類基礎設施的社會面向做討論，也探討設計「未限定環境」可能面臨的難題。以插圖搭配書中內文，是為了以情境圖示這些基礎設施可能呈現的實際型態、發展與進化的方向，進而理解大眾與基礎設施可能的互動方式。如果《失序之用》能夠被規畫實現，實際看起來就會類似於這些圖輯。

第四章　地面之下

基礎設施具備多重意義，主要取決說出這個詞的人身處什麼角色，建築、土木工程、都市計畫、政治經濟學和地理學界皆有截然不同的詮釋。對我們而言，基礎設施牽涉著城市以及其中公共空間內所有的實體組成：地面、土壤、管線、電路與下水道系統、結構與構造、都市家具、植栽、休閒空間和其他設施，這些組成滿足了創造可能性所需的條件。以社區管理的公共空間若有視聽設備和銀幕可使用為例，便有可能在夏夜即興播映戶外電影；如果有自來水和烹飪器材，則能成立社區廚房。這類實體並非不可變動的物件[52]，而是關乎管理與治理的型態、特定慣例和協議、集體行動、社交聚會、記憶和自我認同。這些實體就是有介入功能的設計，能影響城市實體與社會架構，但要達成目的，就需要仔細觀察公共場域中，實體與社會層面兩者之間的關係。

規畫「地面之下」的介入設計可做為起始點，將以封閉系統運作的基礎設施和公共空間改造成開放系統[53][54][55]。以封閉系統運作的城市中，型態和功能都已預先決定，不具備隨著情勢改變而進化、適應的能力。相對的，以開放系統運作的城市則處於「不穩定的進化狀態[56]」，型態和功能都能因應不同的狀況持續變化。

以封閉系統運作的城市，無法輕易改造為開放系統，需要透過介入措施將城市空間轉換為有彈性的系統，以便各種活動自由在空間中發生。這些基礎設施要相互配合才能發揮效果，無法以獨立或一整組介入措施的形式運作。這類基礎設施是所有介入措施的總和，既能與更大規模的系統互動，也是其中一部分，而系統則能隨著新增的措施和關係持續變化。我們可以把都市基礎建設理解成各個基礎設施的總和，開放城市因此允許新增、升級和轉型，以滿足居民的種種需求，這有助於讓都市上演的情境更加多元，並促成自然發生的活動和社交聚會。

當基礎設施變成開放系統，允許新增的元素融入，大眾就可以共同使用和管理，也因此有權採取行動，改變自己所處的環境。基礎設施會成為「政治行動[57]」的場所，大眾可以在此對施加的秩序表達反對，也能規畫其他型態的娛樂活動。

基礎設施做為拼裝體(Assemblage)

基礎設施並非穩固的整體，而由多部分組成，每個部分都可以替換、改良和升級，因此能夠持續修補和維護[58]。這些「結合體系[59]」式基礎設施能以「拼裝體」的概念來理解，批判都市學者就是運用此概念解析城市中的各種關係與互動。

拼裝體一詞在一九五三年首次出現於藝術界，當時尚・杜布菲（Jean Dubuffet）以此描述：「將自然和傳統上不具藝術美感的人造物、素材和現成品組合在一起，成為三維結構的藝術型態[60]。」一九六一年，紐約現代藝術博物館也舉辦過一場以拼裝體命名[61]的展覽，其中展出了杜象、曼・雷和畢卡索等大師的作品。在藝術界，拼裝體的特徵取決於「使用的素材與素材的運用方式[62]」。

拼裝體在藝術界和批判性都市理論中的用途很類似——是一種「互存關係（Symbiosis）」——不同元素相互配合，而非獨自運作[63]。法國哲學家吉爾・德勒茲（Gilles Deleuze）和菲利克斯・瓜里塔（Félix Guattari）在著作《千高原》（*A Thousand Plateaus*）中提及[64]拼

裝體一詞，都市研究學者則運用這個概念，解釋都市空間中不同行動者（Actor）之間的關係：人、實體物件、治理型態。就如本篇我所提出的都市基礎設施型態，拼裝體著重各種元素之間的互動而非以整體看待；拼裝體主要探討「流程」，以及如何讓都市空間[65]出現多種可能性。

科林・麥克法蘭（Colin McFarlane）分析，拼裝體理論在批判性都市主義中有三種用途[66]：

一、拼裝體能用於理解「實際狀況和可能性[67]」，釐清現有權力關係，探討新的連結、關係是否足以挑戰前者。

二、拼裝體可以解釋社會行動者和實體行動者之間的互動。

三、拼裝體呈現「對世界主義的想像[68]」——我們該如何面對、處理和協調差異[69]。

上述拼裝體的定義和用途都呼應了本篇提出的基礎設施概念——關鍵在於結合不同元素，以及這些結合可能催生的多種潛能之能力。基於相同邏輯，我們能夠從拼裝體的角度觀察，新的連結是否有潛力擾動固有已施加的秩序，並從實體與社會層面探討基礎設施於兩者間的關係，拼裝體的概念更讓都市基礎設施具備協調差異，以及因應意外狀況的能力。

拼裝體和失序之間也有關聯。桑內特認為都市環境要讓大眾學會面對差異和不確定性，功能具可變動性，也應該要促進多樣、即興且自然的公共場域活動。理查的失序理論和拼裝體思維之間的關係，可以運用三種概念工具來解釋，這些工具有助於設計出正規基礎設施來催化非正規結果：一、社會—物質互存關係，二、不確定性，三、不完整型態[70]。《失序之用》中指出，人獲得多元經驗之後，會更有能力面對陌生人和意外情況。在較後期的著作《眼睛的良知》（*The Conscience of the Eye*）中，桑內特的思維更加進化，進一步探討公共空間中實體元素如何影響人對他人的觀感，他的詮釋是：「在城市中，人對實體物件所產生的意識，會與人對彼此的意識發生共鳴[71]。」協調和面對差異的過程中，實體元素扮演的主動角色也是討論拼裝體時的重要議題，尤其是麥克法蘭的觀點。實體和社會層面的基礎設施之間有著社會—物質「互存關係」，可以創造出人與差異及意外狀況和平共存的環境。設計基礎設施時，必須考量實體基礎設施要如何與人、治理制度、集會型態、會面互動和各種活動組合在一起。

其次，城市秩序過多會阻礙自發性和即興活動[72]。這種對曖昧不清與明確定義[73]的辯論也是討論拼裝體時的重要議題；欲設計出能促進隨興使用公共空間的基礎設施時，這項辯論

也是一大關鍵。拼裝體思維並非將固定功能分配至都市各個元素，而是要讓這些元素各自具備功能，至於這些功能組合後會產生哪些可能，則取決於拼裝體中元素的互動[74]。麥克法蘭的詮釋是，拼裝體意味著「現象不確定性、萌發、形成、騷動和社會—物質性[75]」。

功能和互動尚未確定，是拼裝體具有的不確定性，而這也是桑內特提議城市理應具備的特質：「杜絕以分區規畫預先決定用途，居民之間的特殊情感連結與結盟[76]就會產生相應於此社區的特質。」桑內特在近期的著作中建議，設計出這些沒有預先規畫功能的不確定空間，將建築和公共場域建置成開放系統，用以催生出多樣且意外的可能性[77]。他也認為應該深入探討有哪些建設技術，可以讓系統不斷的新增和調整。基於這項提議，本篇將列舉可以將基礎設施打造成開放系統的技術。

最後，桑內特在《棲居》（*Building and Dwelling*）提出了「五種開放型態[78]」，其中一種稱為「不完整型態」。這個概念就是讓公共空間保持未完成的狀態，可以視為邁向拼裝體的過程，桑內特在近期的論文和本書中都提出了此論點[79]。如果公共場域的設計刻意留下一些未完成部分，空間就會具備變化或適應的能力，甚至足以與新的元素組合，用以應對人與人工環境間的互動，以及藉此上演的多元活動。德勒茲把無限制之地視為「創意、變革和反

抗[80]」的機會；都市研究學者史提芬・葛雷罕（Stephen Graham）和奈哲爾・斯里夫特也指出，脫節和失效正是基礎設施得以升級的主因：基礎設施的漏洞帶來改善與創新，或是資訊技術系統會不斷地升級[81]皆為例子。設計具有未完成特性的基礎設施——不同元素可以組合或拆解、移除——這是將公共空間打造成開放系統的關鍵，計畫之外的活動也可能因而成形。

基礎設施做為開放系統

如果基礎設施是有自然進化能力的開放系統，失序就能發揮許多正面的用途：在沒有預先規畫功能的都市場所，無法預期、未經計畫的活動可能會出現，居民可以學習如何面對差異、未知和意外狀況；這樣的場所可以根據在公共場域發生的互動和活動自動調整[82]。

將基礎設施打造成開放系統仍是抽象的觀念，而拼裝體思維可以幫助我們理解，若要發揮這些失序之用，就必須觀察社會—物質之間的連結，進而設計出沒有預先確定功能的都市元素，以及打造出未完成型態的基礎設施。既然如此，基礎設施該具備哪些物質特性才能成

為開放系統？

最重要的一點是，不僅要打造出以開放系統形式運作的單項基礎設施，還要將封閉系統改造為開放系統。封閉系統不具備成長、轉變或進化的能力；如果基礎設施不允許增添新元素、革新升級，也不具備適應調整的能力，就會淪為封閉系統；同樣的，如果都市環境僵化，不允許自然成長，也會成為封閉系統。過度限定功能會導致地方的複雜度下降，削減即興活動和意外情況發生的可能性。

「失序基礎設施」的目的，就是解放封閉系統。多數的都市介入措施都是建立在既有的都市和社會條件上，而非從一張白紙開始的專案。重點不在於打造全新基礎設施以否定既有的，而是找出足以改造現有制度的策略和流程。

在多數情況下，批評現代主義導致疏離，等於直接合理化地方主管機關的目的——拆除現代主義風格的住宅區，並在原地重新建設。倫敦南區象堡區（Elephant and Castle）的海格特住宅區（Heygate Estate）就是活生生的案例，怪罪現代主義建築造成犯罪和貧窮的論述，導致超過一千戶住家遭到拆除。用新的開發方案取代現代主義住宅區，無異於再施加另一套設計秩序，以海格特案例來看，後果是居民遭到替換，中上層階級取代了低收入人口，

社會結構因此被瓦解。這種重新開發只會創造出另一個封閉系統。

將封閉系統改造為開放系統看似困難，但其實有其流程，可以改造部分大型現代主義設施和單一功能的開發計畫（道路、基礎設施、牆、高樓大廈、大型住宅區、開放空間），讓空間變得足以促進即興活動、具備持續調整能力，以及營造出包容差異的氛圍。桑內特指出，「即便是堅固的物質實體，看似抗拒任何變動，也可以讓其在社會層面上變得具有滲透性」[83]。這類改造不需要拆除現有都市元素，只需重新安排，再增添有助於產生更多互動可能性的新元素，此類策略的目的就是消除封閉系統的僵化性質。

若要讓系統變得開放，就有必要釐清，新提出的基礎設施將如何和現有系統相連，並在其中造成擾動，進而建立新的模式並允許成長。在此回到前文提及的市營電力網絡，我們如何以「集體基礎設施」眼光觀察其轉變過程？

二〇一七年，巴塞隆納市長為了解決能源貧瘠的問題，成立了市營能源公司：巴塞隆納能源公司（Barcelona Energia）[84]。這間處理能源貧瘠的公司還採用綠能，其中一項計畫是讓個人和集團參與能源生產。巴塞隆納能源公司推出的太陽能生產計畫中，確立了四種不同的合作關係並顧及各種可能性，包括對基礎設施的私人和公共投資，以及在私人或公共建築

頂端安裝太陽能板[85]。

同時，這四種協力關係開啟了諸多可能性，「私人」行動者或空間也可能是集體的。儘管有各式各樣的協力關係，在電力市場只有兩種選項，第一個選項是自用，不論是個人、集團或公共用途；第二個選項則是把電力「賣」回給電網，買家也許是市營公司，也許是私有的能源公司。

如果在一個系統中，各部集體基礎設施都連接到市營電網的某一處，然後將生產過剩的電力賣回電網，這樣的關係算是封閉系統還是開放系統？

巴塞隆納市長提出這類的策略被歸屬於開放系統，主因這種策略的提案是以分散式[86]的集體型態產出電力。根據計畫定義，「自用」為一種「集體行動」——讓城市運用再生資源自行產出電力，個人或社區都能產出電力作為自用，生產過剩的電力則輸回電網。如果買方是市營公司，電力就可以用於公共空間和大樓的供電和照明，並解決能源貧窮問題。市政府承擔了重新分配財富和資源的角色，讓市民成為生產電力的一員。

然而，這個系統仍稱不上是「無政府主義城市[87]」，因為不同社區間的電力交換必須透過電網，並依照特定的階序。如果讓系統真正變得開放，有必要尋找另一種交換型態，也就

是不一定要透過市營電網。以上兩種交換類型（透過市營電網和獨立於市營電網之外）並非無法相容，雖然集體基礎設施確實和市營電網相連，但並不代表這形成了一個封閉系統，仍然有可能保留與市營電網交換電力的協力關係，同時也允許各部分集體基礎設施之間進行不同類型的交換。儘管現有電網可能是封閉系統，但連接其他元素之後就會變得開放，因此轉變為開放系統。

接受集體基礎設施連接市營電網而形成的階層架構，並不會排除其他可能的交換類型。在微觀層次，還是有機會實現開放和多重交換。拼裝體思維重視的正是這種微觀層次的連結，以及正規和非正規治理型態之間的互動。以本篇提到的基礎設施為例，正規的系統可以確保資源的平等和分配，其他非正規的系統則能促進持續且順暢的交換，而兩者可以相互結合。這意味著一些如社區經營的電力公司這類基礎設施系統，也能用生產剩餘的電力與其他組織或個人交換其他商品或資源，而未必需要透過市營電網。

但以什麼樣的形式呢？科學作家菲力普・博爾（Philip Ball）在著作《分支》（*Branches*）中解釋了不穩定系統的成形，並指出一個系統從均衡狀態轉變為不均衡狀態的過程，就稱作

「對稱破缺（Symmetry Breaking）」。他解釋，這個過程不會只發生一次，而是「分階段單次部分進展[88]」。歷經破除對稱的過程之後，系統的複雜性就會提升[89]。

此處提議的基礎設施介入措施也是基於相同的邏輯，這類措施是依照步驟進行的流程，將基礎設施的封閉系統漸漸改造為開放系統。下列說明的每一個流程步驟，都涉及擾動基礎設施，進而提升基礎設施的複雜性。那麼這個流程要如何開始？

讓基礎設施轉型開放的流程裡，包含重新組合其中的元素並擾動基礎設施，以觸發新的互動關係。「重新組合」指的是：「都市設計師有能力辨識出仍潛伏在公共場域中的新興流程，提出嶄新又具開創性的方式強化這些流程，也讓新的關聯性和可能性得以出現[90]。」

葛雷罕和斯里夫特的見解是，基礎設施中的「失敗」其實是學習、調整和升級的機會。基礎設施在多數情況裡都像「黑盒子」埋藏於地底，看不見又錯綜複雜的網狀管線、電路、下水道系統、光纖纜線，以及其他地下設施，只在運作中斷時被注意[91]。為公家（主管）機關執行計畫時，建築師、規畫師和工程師總會收到充滿大量圖層、線條和符號的樣圖，就如同一張加密過、難以理解的地圖，只限特定專家能理解。如此看來，不可見的地下和地面之上的領域不但有著清楚的實體界線，也隔阻著一道學識上的藩籬。基進派都市學者如社會學

家費爾南多・多明格茲・魯比奧（Fernando Dominguez Rubio）、建築師烏列・佛格（Uriel Fogué）都曾提議應該以「科技化公共空間」與「公共化基礎設施[92]」顛覆這種界線。

針對馬德里的巴拉德雷將軍廣場（Plaza del General Vara de Rey），上述兩位專家提出一項（尚未完成的）介入措施——佛格的建築作品「Elli」。他們藉此案說明如何讓基礎設施變得可見，成為政治行動者。Elli 廣場的設計宗旨是：「重新整合公共生活與各種基礎設施流程，例如發電和集水，同時保留原本人類對廣場的使用方式[93]。」為了實現這點，他們詳盡分析了基礎設施、自然和人之間的互動。

我的目標是透過建築設計為基礎設施解開黑盒子——「去黑箱化[94]」，於是我提出另一種流程，用以探討「擾動基礎設施」如何引起協商、互動，促進環境建成的各種交流。擾動基礎設施並非中斷其運作，而是引進新元素，讓引起大眾注意，藉此與基礎設施互動，提升資源生產、使用的集體意識。

現有的都市基礎設施、資源多半透過地下設施分配，而地下設施常由公部門、私有企業所有和管理。這些城市級規模的網絡透過管線觸及社區與個人，連接著社區、個人「消費者」。針對個人，會有顯示電力或水資源用量等相關資訊的讀數設備；在社區層級，水和電

力等資源則運用於樓梯間、共同區域、電梯和共用設施中此類空間的照明。居民與這些基礎設施唯一的互動，是社區管理費年度報表中，自己需要為社區分攤、繳納的帳單費用。

此類個人、社區層級的基礎設施，幾乎不會出現討論基礎設施用途的相關協商、集體意識和互動。相對地，基礎設施也許會在少見情況下中斷服務[95]，這時便需要展開如分享、交換資源等特定協商，此時居民與基礎設施才可能產生更明顯的互動。

對此，我的提案是研擬重新組合基礎設施，以及引進新元素的方法，以提升大眾對城市運作方式的集體意識。新進元素必須是共有或公共的資源，而且超越共同空間照明或是電梯供電此類型設施的範疇。這類新元素可細分出兩類：

第一類，在公共場域設置基礎設施的接觸點，例如路跑活動中提供飲用水的設施，或是在社區廚房活動結束後供應非飲用水用於清潔，以及讓各種活動得以發展的供電設備。這些新增基礎設施可以讓大眾運用集體基礎設施和集體產出的資源，至於如何運用此類共同資源，大眾可以協商透明的規章、協議和條件，畢竟資源可能有限，而且取決於產出社區的能力。

第二類，新增的基礎設施可視為集體管理的資源集散地——社區擁有的太陽能板，收

集、淨化和貯存雨水以供應非飲用水的基礎設施，抑或是其他配合氣候條件和地點的創新設計。社區因為可以自行產出資源並決定如何運用，讓這些基礎設施有助於提升集體意識。

此外，這些初期的擾動激發了人與基礎設施的新互動。這是重新組合流程的起點，在此前，需先理解都市區域內現存的動態關係，包括有哪些共享的資源、空間和設施，是否有訂立任何相關協議等；接著以此為基礎提出方案，讓大眾與基礎設施能產生新的互動方式。一旦這些擾動經過測試，最終新的互動形式就會出現，顯示新增元素成功讓封閉的基礎設施系統變得開放，但也同時引出了一個關鍵問題：接下來社區該採取什麼步驟，才能打造出與時俱進的開放系統式基礎設施？

擾動初期可能會引發一些衝突，包括如何運用資源的討論——經由太陽能板產出的電力要自用或賣回電網、誰有權使用、該免費提供或以特定方式付費。這類涉及基礎設施新元素的討論，有助於大眾培養桑內特稱之為「成人認同（Adult Identity）」的能力，亦即學會協商和面對衝突，社交互動也會隨之增加。流程的下一步是以這些初期元素為基礎開始打造開放系統，破除地下與地上的界線[96]。

奧斯曼男爵（Georges-Eugène Haussmann）為巴黎設計地下基礎設施廊道，原先目的

是要強化整座城市的衛生環境，因此在大型的地下廊道設置下水道系統和其他基礎設施[97]。如今，先進的都市再生計畫也採用了現代版的奧斯曼基礎設施廊道。巴塞隆納的「22@」區計畫目標是推動區域再生，將擴展區（Eixample）的工業區改造為「創新區[98]」，目前已經建設好精密且功能完備的地下基礎設施廊道網絡。22@區位於巴塞隆納舊城的東北部，介於奧運村（Olympic Village）和榮耀廣場（Plaça de les Glòries）之間。歷經去工業化後，區域再生計畫在邁入二十一世紀之時問世。由於22@區的街區採用的是西班牙城市規畫師塞爾達（Ildefons Cerdà）的直角棋盤式設計，因此增建基礎設施以及打造平行的直角棋盤式地下廊道會是很合理的做法。

這些廊道可以從街區的地下層進入，不論是調整、修補、升級和加入新類型的基礎設施，都不需要在地面上鑽出新的洞口。但儘管這個系統可以隨時調整和供大眾使用，因而看似開放，但在某種程度上仍算是封閉系統。首先，如果是在已經有人居住的地點實施這套基礎設施系統，絕對會需要在地面上挖出大洞；其次，這個系統保留了地面與地下之間的界線，因為進入點仍然只有專家可以使用。

這個案例的替代方案是技術設備地板（Technical Floor）。開放格局的辦公室設計中，

創造失序的基礎設施

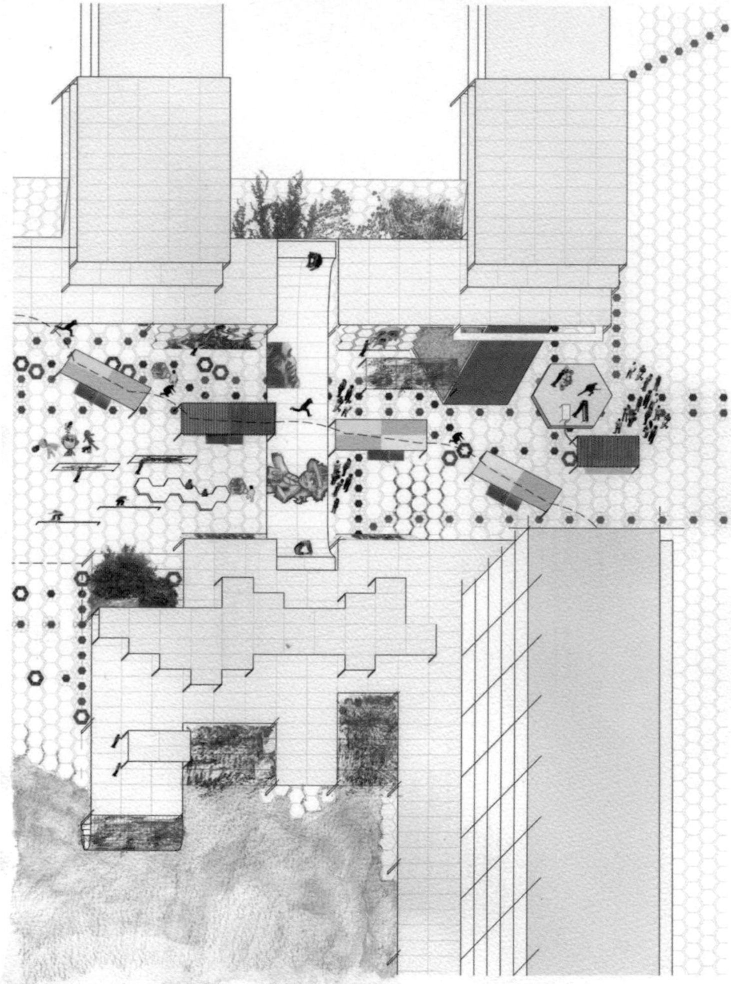

帕布羅·森德拉，2009

地面之下

- 飲用水輸送管線（Drinkable Water Supply）
- 飲用水表（Drinkable Water Meter）
- 飲用水供應端（Drinkable Water Terminal）
- 低壓電輸送線路（Low-voltage Power Supply）
- 電表（Electricity Meter）
- 供電端（Electricity Terminal）
- 電力紀錄點（Electricity Register Point）
- 非飲用水輸送管線（Non-drinkable Water Supply）
- 非飲用水供應端點（Non-drinkable Water Terminal）
- 數據資料輸送路徑（Data Supply）

帕布羅·森德拉，2009，於 2019 年後製

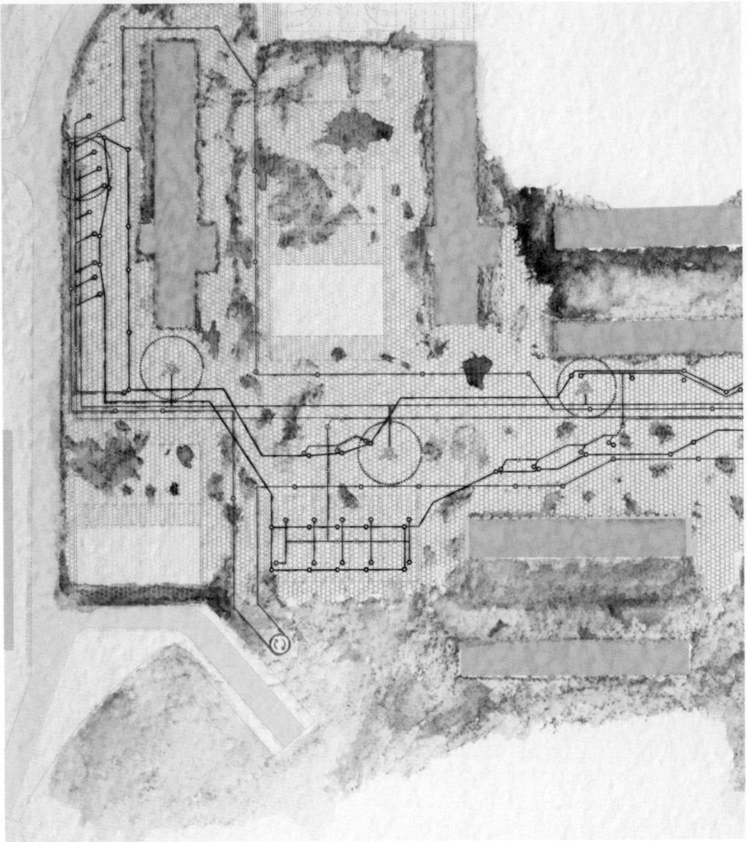

開放系統為基礎設施的集體管理新增一層技術設備地板，提供地面層的公共空間能配備飲用水、低壓電、非飲用的再循環水，以及蒐集數據資料。這類基礎設施促進了使用與管理設施的討論、協商，允許公共領域(Realm)中發生各式各樣經過規畫或自發的活動。人們透過地板中的端點(Terminal Points)使用這些基礎設施，基礎設施越集中的地方，各式活動萌發的可能性更大。

地面之上

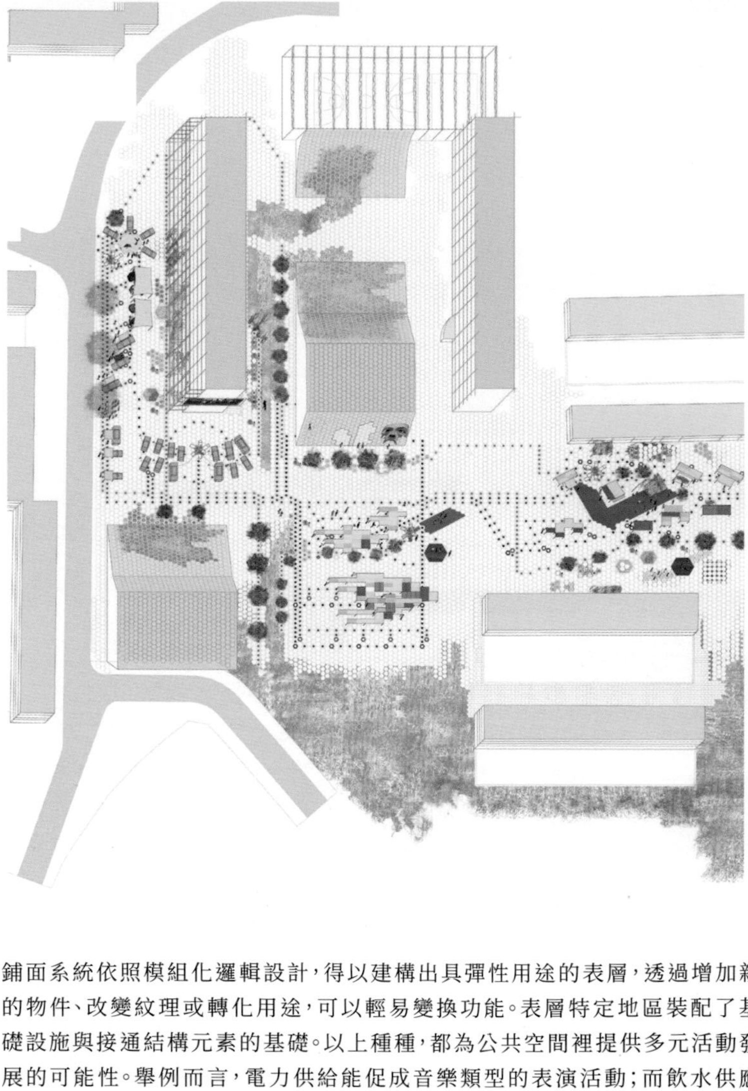

鋪面系統依照模組化邏輯設計，得以建構出具彈性用途的表層，透過增加新的物件、改變紋理或轉化用途，可以輕易變換功能。表層特定地區裝配了基礎設施與接通結構元素的基礎。以上種種，都為公共空間裡提供多元活動發展的可能性。舉例而言，電力供給能促成音樂類型的表演活動；而飲水供應與具遮蔽性建築(Shelter)則可為社區廚房提供必要空間與設施。當表層各部分能提供各自不同可能性，這種模組化系統，就形成由不同性質之多元區域構成的連續表層。

縱斷面

帕布羅·森德拉，2014

若要建立具有滲透性的邊界，需要規畫沒有明確立牆也未經切割的斷面，加上相異建成元素製造的連續面、擾動空間的活動。縱斷面的多元性來自可變換的都市地景，而非固著高牆形成的高低階序。

在此特別說明，這個剖面圖所描繪的鄰里，與本附錄的其他插圖不同。

橫斷面

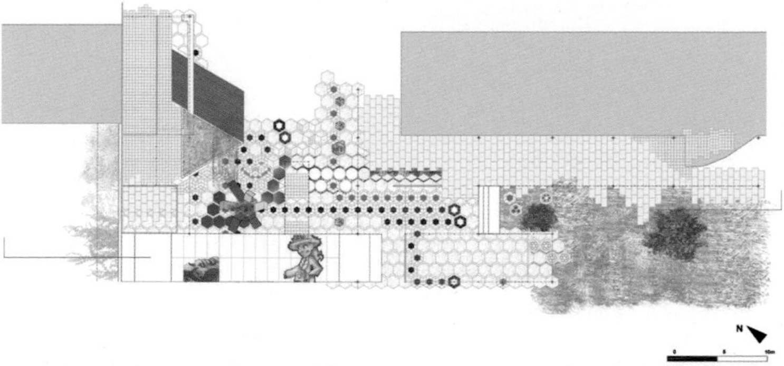

橫斷面上種種介入措施，都左右著人們感知與經驗空間的方式，以及人們如何感知他人。這些介入同時將原有的內／外、公／私分野轉化為可滲透邊界。剖面中各種元素的拼裝組合，改變了街道與人的相對比例，形成社會聯繫。明確的分界也會因此轉變為具有滲透性的邊界，更有遮蔽空間可舉辦多樣的活動。

這樣的結構具備有機成長的可能性，因應各種需求新增更多設施。此類成長的能力，主要藉由提供具一定結構強度、支持活動於其上發生的輕構造，並根據活動需要垂直發展。初期這些結構只是覆蓋地表，但提供了拼裝、向上結合其他結構延伸的可能。

帕布羅·森德拉，2009

技術設備地板可以將電力、乙太網路和電話線等設備安裝在地板內部，並連接至每一張辦公桌。這種地板採用模組化設計，得以輕鬆移除和替換，具充分的調整彈性，例如增設新的辦公桌或會議室，又或是實行各種技術升級。把技術設備地板的概念應用在公共場域之後，共用的基礎設施就沒有必要再設置於地面之下，而既然沒有埋藏的必要，共用的基礎設施便可以設置在現有的地面和技術設備地板之間。

可以把這套系統想像成配備有基礎設施的地毯，或是額外鋪設的一層地板；在這套開放系統中，大眾可以與基礎設施互動，因此地下空間得以普及並開放給非專家使用。模組化地板的層板可以用鑰匙解鎖移除，並以其他元素替換和重新組合，因此可以不斷進行調整。採用標準施工尺寸（例如六百乘六百公釐）的棋盤式設計，有助於打造出這類型的模組化系統。

地下與地上之間的界線不復存在；基礎設施可以從任一點進入使用，可以往任何方向發展，也可以促成新的衍生結果。管線也許會有紀錄點，只要移除上方層板就可以使用，如果是裝有電子線路的管線，便能在紀錄點加裝更多電線和配電面板，也能在需要時擴展基礎設施。這種模組化系統和介面介於地面之下和之上，可以為我們提供所有必要的終端存取點。

這套系統也有分配產出資源的功能，將資源從產出地點送至貯存處，或是轉移到電網以供使用。最關鍵的一點就是，這些流通和電路可以從地面上看到，大眾因此會意識到基礎設施的存在，多樣的可能性也會隨之而來。如果地面層板設計是以顏色標記，或是採用不同的材質、標誌或變化，就能從外觀得知地下的實際情況，例如可以從何處接觸或修改基礎設施。

為了協助讀者進一步瞭解上述的基礎設施開放系統，接下來我會稍微解釋其中一部分的元素——端點、資源集散地以及新連結。

端點是這套基礎設施地板中最明顯的實體點——用以連接電力、飲用與非飲用水以及資料存取等——大眾將設備插入這些端點之後，就可以舉行各種活動，從節慶、街頭倡議和社交聚會，到社區廚房、維修處或市場攤位。

許多鄰里自行發起的活動，例如電影社、烹飪課或聚會，很難找到適合的空間。這些活動通常會被迫擠在社區中心內的一些狹小空間，現在這類空間也越來越稀少。此外，也少有空間能提供飲用水、大型設備所需的電力，或是舉辦特定活動適合的通風系統。如果選在有配備基礎設施地板的公共空間，原本在隱密空間以小型社團形式舉辦的活動，就可以進入公共領域成為開放的活動。

基礎設施地板和其中端點的運作方式，與建築電訊派（Archigram）的「插入城市（Plug-in city[99]）」願景有異曲同工之妙：先打造出基礎設施外殼，順應不同的活動就可以插入和拔除外殼。以此處提到的失序設計而言，會需要在流程開始時就決定哪些地方該設置更加密集的基礎設施，亦即比較有可能出現活動的地方，需要有密度和集中度更高的額外基礎設施。

既然端點是基礎設施地板上可見的點，看起來會是什麼樣子？從地面的視角而言，也許是不同顏色、質地的地面層板，或是以標誌顯示可供使用的功能。如此一來，地方主管機關提供給工程或都市設計專業人士的艱澀基礎設施地圖，就會變成人人都能讀懂的親民地面符號。每一個可用的端點都會配備管理使用情況的技術，功能類似於任何一種公共自行車租用系統，可以透過從車架上釋出自行車來管理使用情況。基於相同的原理，每個端點也有可能為特定活動在每小時釋出定量的千瓦電力或水流。

共用的基礎設施可以讓大眾意識到集體和個人使用的資源，這種共用的基礎設施除了提供大眾使用的地點，也應該要顧及集體產出資源的方式。如果電力或其他自然資源是由大型企業或個別家戶生產，幾乎不會有人與人之間的協商和社交互動。以個人生產的電力而言，

不論是自用或輸回電網，確實會影響到電費帳單，也會讓個人意識到自身的資源用量。不過，在集體產出電力或雨水這類資源的情況下，與基礎設施的互動會更進一步，並且促進社交互動、協商，以及管理資源相關決策的需求。

如果大眾沒有參與透過基礎設施生產資源的過程，單純仰賴大型組織的供應，就等於是透過一個對使用者友善的系統使用資源[100]。而這種系統的一大問題，是消費者不會意識到這些資源的成本、背後的意義以及來源。打開電熱水器時，使用者可能不會注意到供電來源是哥倫比亞的露天礦坑，在當地進行開採可能意味著多個社區流離失所，或是當地人口的健康受到負面影響[101]。這就是讓人生活舒適的「黑盒子」式基礎設施最大的問題之一：我們對於資源從何而來幾乎沒有控制權。

一個集體開始參與資源生產之後，就可以不再仰賴大型企業，並且掌控資源的來源[102]，這也有助於建立提升團體意識的自主管理型態。這種合作型態生產資源同樣主要仰賴再生能源；在都市地區，產出資源的方式相當多元，取決於氣候條件、鄰近是否有水源以及其他環境因子。再生能源有兩大來源：雨水收集和透過太陽能光電板產出的電力。

在都市地區，雨水可以從屋頂、街道和公共空間收集，收集到的雨水則可以輸送至鄰里

的淨水廠，功能是淨化和貯存雨水，以分配非飲用水給地方。這個過程的一大問題是汙染，因為雨水會挾帶地上的塵土，妨礙淨水作業。解決方法是運用排水系統將雨水輸送到一小片有植栽的溼地進行過濾，接著再輸送到淨水設施貯存。上述的系統就是永續都市排水系統（Sustainable urban Drainage System, SuDS），這個日漸普遍的方法可以讓都市空間更具透水性，進而改善城市的生物多樣性[103]。透過模組化系統，可以實現以小型溼地填補基礎設施地板上的空隙；這些溼地的功能是輸送和過濾水資源，接著將水送往水塔儲存、淨化並分配給地方。

在屋頂和公共空間裝設太陽能光電板以產出太陽能，提供了另一種生產電力的選項，而不必仰賴大型企業。以巴塞隆納能源公司為例，集體或個人可以和市政府建立合作關係，在私人、集體或公共的建築屋頂和開放空間安裝太陽能板以產出太陽能[104]。由此產出的電力可以自用並／或輸回電網，為城市的再生電力發電量做出貢獻。這項計畫建立出個人、集體和公家行政體系之間另一種夥伴關係，讓產出電力的協力形式可以更加多元。

以巴塞隆納能源公司這樣的倡議計畫而言，提供機會讓集體得以參與電力的產出，有助於實現本篇提出的集體基礎設施。有關如何管理集體產出資源的眾多問題也會因此浮現：電

力要全數輸回電網，還是先自用再把剩餘的電力輸回，又或者有其他管理模式可以提供更多選項？

最後，本篇提出的系統具備發展和組合新元素的能力，因為讓基礎設施系統變開放的每一個步驟，都會滋養水平和垂直成長的可能性。在水平維度，這類成長必須歷經前述的擾動過程，接著重新組合元素並組成集體基礎設施層。若要在垂直維度讓連結具有開放性，部分的模組化板塊必須具備插入地上結構和建設的功能，而這些連接的板塊就是開放系統的基礎，而且是實體的基礎。

像這般對基礎設施澈底改造，讓我們能一窺放寬管制的空間概念，在這裡，會有未經計畫的活動和事件出現，大眾會培養出成人認同，經由接觸差異、面對意外狀況，以及與他人協商來達成協議。然而，如果把焦點放在基礎設施的實體特徵，就會遺漏一些城市實體和社會層面之間的關係，而這些關係正是達成上述目標所需的條件，也會產生這種集體基礎設施該如何管理的問題。

第五章　地面之上

如果將基礎設施設計成開放系統，地面之上會是什麼樣貌？以倫敦東區多爾斯頓（Dalston）的吉列廣場（Gillett Square）為例，第一眼看到的一定會是遍布整個街景的花崗岩地面。石磚在地面呈現出特殊的圖樣，較大尺寸的石磚排成一列列，照明功能嵌入石磚、防滑金屬條和木製平台，平台上有種樹，可以當作休憩空間或是舞台。這些實體特徵不過是組成「都市表面」眾多元素的一部分而已[105]。

吉列廣場的人行道設計並沒有特別突出之處，真正讓這裡如此特殊的是廣場表面和廣場中其他物件、設備、流程、管理型態及活動之間的互動。例如設置販售亭和租金便宜的工作空間，供少數族群做生意和創業[106]，還有多爾斯頓文化中心（Dalston Culture House）和漩渦爵士俱樂部（Vortex Jazz Club）也吸引了多元的觀眾群。此外，這個空間設有木製長椅，

讓民眾可以安坐和消磨時間，也設置置物貨櫃存放兒童遊樂設施、桌球、影音設備，以及其他可以架設在廣場上以舉辦多種活動的結構和元素[107]。有意願的民眾可以進出貨櫃拿取這些元素，用於在廣場上安排各式各樣的活動，不論是經過規畫還是臨時起意，包括戶外電影院、遊戲活動、市集、隨興滑板運動、慶祝活動和社交聚會。

上述的例子體現了廣場的正規都市設計和管理，是如何和空間中隨機出現的非正規活動形成互動。不過，為了促進這樣的連結，有必要將街道打造成平台，來支持和鼓勵大眾思考運用公共空間的不同方式。

吉列廣場，倫敦多爾斯頓。這個廣場經常有眾多不同的活動，有固定舉辦的活動，也有暫時性的活動；有些經過規畫，有些則是臨時起意。2013年6月。

將都市表層視為拼裝體，就表示不能只把設計焦點集中在某些個別組成；我們必須特別關注不同元素間的關聯以及與社會層面的互動。重要的並不是花崗岩地面或是販售亭，而是這些元素與廣場管理模式間的互動。此外，我們也該仔細觀察這些元素和廣場上的小型生意有何關聯性，多元的族群如何以不同方式運用廣場，以及有哪些聚會出現在這個空間。這些元素都沒有固定功能，卻能夠根據和其他物質、非實體元素互動而改變功能[108]。可能出現的關聯性有無限多種，這個公共空間的用途也近乎無限[109]。

這類表面介入措施要探討的是如何提升空間功能，實現上述的連結，促進隨興的活動和社交互動[110][111]。相對於現代城市的「感官剝奪[112]」特性，此處提出的都市設計實驗可以強化人與實體環境之間的關係[113]；在人與地方的互動方面，實體環境扮演了相當有效的支援角色[114]。為了與現代發展穩定卻了無生氣的環境抗衡，此處提出的介入措施要引進持續變動且可變化的環境：具備持續調整功能的表面。

究竟我們是怎麼走到僵化都市環境這一步的呢？因為二十世紀的都市發展重視秩序多於複雜性。〈雅典憲章〉將城市依功能畫分，這個論點對於城市碎裂化有深遠的影響——亦即

城市被畫分成已預先決定的不同區域——於是大型住宅開發計畫、中心商業區、休閒和購物中心興起，從單一功能區域耗費長時間通勤至另一個區域也變得普遍。

不過，到了二十一世紀，規畫師和都市設計師開始提倡「混合用途開發計畫」，也就是在單一都市地區結合不同功能的空間，例如辦公室、住宅和零售商店。「混合用途」成了熱門關鍵字，更是都市計畫圖中必備的要素。儘管這類開發計畫看似扭轉了功能性城市造成的影響，即興發揮的空間仍然很有限，因為每一項功能都已經預先決定，關於公共場域允許和禁止的行為也有明確的規則。

這一點從大西洋兩岸處理住宅群更新的方式就能略知一二——一九七〇年代起，美國規畫師如奧斯卡・紐曼（Oscar Newman）或後期的英國規畫師艾莉絲・科爾曼（Alice Coleman）都開始抨擊現代主義住宅區的都市設計是犯罪的溫床。紐曼提出了用設計排除犯罪的都市設計策略，並採行「領域性（Territoriality）」、「自然監視（Natural Surveillance）」和「意象和情境（Image and Milieu）」的原則，做法包括建立公共和私人空間的階層；運用柵欄或其他裝置將開放空間再細分，以避免陌生人進入住宅區的共同空間；確立能夠輕易分辨外來者與不受歡迎者的方法；以及用不使當地蒙受汙名的建築風格取

代住宅區原本的現代主義建築風格。[115]

紐曼的美國住宅計畫概念經由科爾曼[116]傳進英國，她提出修正型的介入措施，例如拆除高架道路，或是增建新建築以打造出封閉的環境，藉此提高街道的監視程度。

紐曼和科爾曼提出用設計排除犯罪的策略，對於美國和英國一九七〇年代以降的住宅群更新有深遠的影響。他們建議採用兩種介入措施：首先，將現代主義住宅區常見的大型開放空間再細分，規畫較小面積且有柵欄分隔的開放空間，而且僅限住宅大樓內的居民使用。這種做法的目的是防止陌生人出現在開放空間內，卻也讓眾多這類型的住宅區變成一處處門禁森嚴的社區，澈底杜絕居民與周遭環境可能形成的任何關係。住宅區轉變為上述的地方之後，居民走上街道的唯一原因就是要通勤上班，因此社交互動的可能性趨近為零。

第二種介入措施則是拆除這些住宅區，並且用「混合用途與混合所有權開發計畫」取而代之，涵蓋的用途包括零售等等，並且提供住宅給收入層級不同的居民。此類型的重新開發在多數案例中都和社會清洗的過程脫不了關係，也會導致原本的居民流離失所，其實就是另一種形式的施加秩序和強化社會控制。這些新建的開發計畫幾乎沒有留下可供即興發揮的空間，也沒有將功能性城市改造成鼓勵社交互動的場所。

讓封閉的開發計畫變開放

為了扭轉城市中被設計得過度有秩序而相形孤立的區域，需要考量這些區域與周遭區域的連結。以門禁森嚴的獨立郊區而言，也許會難以找到可以與這個住宅區連結的都市構造。而其他封閉且單一功能的都市區域，尤其是那些位在內城區的地帶，卻有明顯的開放潛力。

以內城區住宅區為例，目前的更新方式是將空間再細分並封閉；增建更多大樓以提高空間密度；或是拆除和重新開發住宅群。這些做法無法創造形成新關係的可能性，也無法讓封閉式開發計畫變得開放。為了達到上述目標，我們必須介入邊陲地帶[117]，亦即多個孤立地方交會之處，讓不同的都市區域與身處其中的居民得以互動。理查以自然生態系比喻，介入邊陲地帶的過程就是將封閉的「界線」改造成有滲透性的「邊界」，前者的限制導致兩側毫無互動，而後者則是充滿交流的可能[118]。

創造互動的起點是找出哪些街道、都市空間有潛力成為具滲透性的邊界，或者適合連結、協力和交流的地方，因此需要仔細觀察特定地方的運作方式，以及居民的習慣、移動模式、互動和社交。一定要先注意主要行人流量出現的地點、主要目的地的位置、居民暫留和

消磨時間的地方，以及「外來者」進入區域的頻率與時機。

再來必須要辨識出哪裡是當前進行社會交換的主要空間，亦即來自不同地方的人在哪裡互動，這些地點和周遭環境有哪些關聯性，以及有哪些類型的活動出現在這些空間。這些地點也許是社區中心、半開放的花園、開放的公共空間、遮陽棚，或是住宅區中任何特定的地點。最後，觀察當前是哪些障礙物導致一個個地方變成孤立狀態，例如牆、圍欄、管制點、阻擋區域入口的實體障礙物，以及其他避免陌生人進入的嚇阻措施。在住宅區類型的地點，防止陌生人出現的措施，包括僅限有鑰匙住戶進入的門禁區域，以及雖然不至於妨礙進入空間，但卻有嚇阻效果的實體障礙物，例如階梯或對空間形成防護的茂盛樹叢。

以上分析有助於辨識出破壞街道連續性的障礙，與適合以介入措施扭轉區域孤立和破碎狀態的可能地點。雅各曾建議，社會住宅區和其他單一功能的開發計畫應該「重新融入都市」，這也顯示需要「強化周遭的構造[119]」。也建議將這些住宅區連結到比鄰的都市地區，並重新思考什麼樣的街景可以產生這樣的連結。根據雅各的提案，只要更清楚定義區域和周遭空間的連結，並且將建築之間的區域重新設計為具意義的公共空間，就能把都市表面改造成適合社交互動的地方。

這些介入措施應該要讓都市表面具備連續性和多元性[120]，從邊界連結都市地區和周遭環境的空間，會因此成為連續的表面，讓不同的物件、人、建物和自我調節形式可以組合、拆解、再重新組合。以吉列廣場為例，有圖樣的花崗岩人行道將廣場連結到繁忙的金士蘭路（Kingsland Road），再連結到附近的布萊伯利街（Bradbury Street）和博林路（Boleyn Road）。廣場因此具備了友善的視覺連結，並且融入了現有的都市構造。

然而，單純把表面視為連續且同質的空間，無法催生出不同類型的隨興活動。這也是現代主義住宅區犯的錯誤——建築師將高樓大廈周遭的地面設計成一大片連續綠地空間，以供休閒活動。這類型連續且無邊界的綠地空間通常少有或沒有任何設施，徒有大型開放區域，卻沒有創造出適合互動的配置，無法鼓勵大眾在此久留與社交。對於開放空間有疑慮，再加上堅持引進更多秩序，最終就會導致空間遭到再細分和封閉。

連續表面未必要是同質的表面[121]。若要強化已建成的環境與在此產生之社交活動間的關聯，就有必要讓死氣沉沉的都市網格結構帶來替換、轉變和差異[122]。

那麼該怎麼做？與其採用現代主義開發計畫常見的過度限定分區，再依照功能再細分，我們其實可以在地面層的連續表面上，讓各地點呈現多元特徵。已建成的環境將具備多元的

性質、空間和功能，也得以用來舉辦各類型活動。舉例來說，人行道使用柔軟的材質可具有充當兒童遊戲區的功能，其他材質則能承受沉重的設備，適合用於架設舞台；還有某些材質有連接孔，可以插入暫時性的結構，又或符合特定用水需求活動適用的排水設施，以及其他活動必要的基礎設施配置。已建成環境的多元性質不需要透過再細分達成，而是要讓連續的表面具備不同的特徵。

毋需透過圍欄或其他類型的障礙物再細分空間，已建成的環境有其他方式讓使用者得知其性質，例如透過其中不同的材質，透過用顏色標示的基礎設施使用點，以及透過其他類型的標誌。地面層的材質、特徵和功能變化，會讓已建成的環境更有生氣，當人群從一個地點前往另一個地點，便能創造出意外的新用途和特殊的敘事觀點[123]。

要打造出富有連結性的地方，不只需要透過連結表面原本分裂或彼此孤立的不同地點、人群和活動；連結也意味著創造一連串的事件、地點、意外的接觸經驗和活動，進而形成敘事體驗[124]和多元的情境。而這樣的多元性，有助於大眾做足準備面對意料之外的情況，也會讓人對於已建成的環境有更強烈的參與感，於是環境不再停滯，而是活躍多變。

以吉列廣場為例，環境之所以具備多元性，是因為都市表面有辦法連結主要的商業大街

以及另外其他兩處的街道，同時也透過一系列策略來提升表面的功能性能力：以合理的租金提供販售亭和工作空間、用貨櫃存放設備和暫時性的都市元素或結構、設計和管理廣場、讓有意使用的民眾可以從置物櫃取用一些都市元素，以及積極吸引活動和文化場所在這個空間落腳。

讓封閉的都市發展變得開放，不能只透過改善都市與周遭環境的關係，例如在吉列廣場建造連續的人行道，也不足以創造出具有多元性的環境。還需要另一些元素才能孕育出能促成公共活動的環境。

創造適合隨興發揮的條件

都市表面是否具備促成隨興活動[125]和社交互動的能力，取決於以下每一種都市元素的設計：物質、協議、政策、參與流程、公共場域的維護、升級和調整計畫，以及最重要的，這些要素之間的互動。

如果開發計畫中的所有活動和功能都已預先決定，這個空間就無法促進即興發揮和社交

互動，也無法鼓勵人與已建成的環境互動。那麼該如何建構這類「適合失序的表面」？接下來，我會提出用於拼裝、拆解，再重新拼裝這類表面的策略。

我們要如何發想出新的方式來安排物件、物質和其他元素，來打造出失序的公共空間？早在一九九〇年代，倫敦東區多爾斯頓的吉列廣場還是停車場，周遭盡是破敗的大樓[126]，顯然不太適合進行社交活動。不過，由哈克尼合作開發計畫（Hackney Cooperative Developments）推動並由 Hawkins/Brown 設計的介入措施，也就是設置販售亭並以合理租金出租給商家，開始吸引人群聚集在這個區域周遭，而這些社交聚會據點突顯出以廣場取代停車場的必要性。

上述的計畫證明了都市表面確實有澈底改造的可能，在設計像這樣適當的介入措施時，一定要仔細觀察周遭原本就有的活動、居住在該區域的居民，以及有哪些對象可能會聚集在這個公共空間。檢視人與地方的現存關係之後，都市設計師就能以此為基礎，讓都市表面產生轉變[127]、變形和替換，進而提高新情境出現的可能性。

多數的城市中汽車占據了大部分公共區域，這表示大片的柏油區、寬敞的馬路及停車場通常會蓋在購物中心、商業區、休閒設施或住家旁。在美國的許多地區，這類型的開發計畫

導致城市的樣貌消失[128]，而且這種負面效應難以扭轉。以現代主義住宅區而言，建築之間的空間通常會設計成沒有其他用途的大型綠地，或是有圍欄的區域、停車場或汽車專用的大路。但是非得這樣設計不可嗎？

核心問題在於速度；公共空間以汽車為尊的現象可以透過一些策略解決，像是限制車輛進入部分區域，或是避免汽車直接穿越特定街道，巴塞隆納的「超級街區（Superilla）」就是一個例子，街區內建築之間的空間大部分都只供行人使用[129]。此外，也有方法可以改造人行道，以降低公共空間中使用者相互競爭的移動速度。

倫敦多爾斯頓吉列廣場，以低廉租金供應給當地商家的販售亭。
相片來源：星・森德拉（Estrella Sendra）。2012 年 4 月。

為了達成這項目標，必須先考量到移動能力，確保所有人都可以使用這個空間，此外也必須打造出鼓勵行人暫停並放慢腳步的表面。人行道可以混合採用不同紋理與材質[130]——木頭、金屬、橡膠、不同類型的石材——並搭配有滲透性的天然表面如草地、植被和土壤，就能有效鼓勵行人在不同地點停下腳步與都市表面互動，也許還能因此發展出公共場域的隨興用途。這樣的多元性造就了「有紋理的表面[131]」，能吸引行人的注意力並促進新的關聯性產生。

以阿爾多・凡・艾克（Aldo van Eyck）為戰後的阿姆斯特丹設計的遊樂場為例，這位荷蘭建築師在一九四七到一九七八年間為荷蘭首都設計出七百三十四座遊樂場[132]，這些設計以無分界的遊樂場填滿城市中的閒置空間，採用不同的質地如沙子、草地、水和可攀爬的石頭，鼓勵孩童盡情探索，這些帶來觸覺刺激的表面變化帶來許多驚喜[133]。凡・艾克的遊樂場中，安全性是建立於出現在這個公共空間中的人之上，而不是用圍欄區隔出兒童區。

滲透性要由人工鋪設的表面和天然的表面相互搭配，這是擾動公共空間原有速度感的另一種方法。自一九八〇年代起，歐洲各地的建築師和都市設計師為了對抗現代主義，開始設計出許多有堅硬表面和缺乏滲透性的廣場，都市的生物多樣性也因此降低[134]。巴塞隆納在一九八〇、一九九〇年代以及二十一世紀初興建的「堅硬廣場（Hard Squares）」，確實為

社交互動提供了小型的公共空間，卻大幅縮減人行道的滲透性。

紋理的變化具有對行人「說話」的功能，例如以不同顏色、材質和標誌標示地磚，可以讓行人得知關於地下基礎設施以及其他空間功能的資訊。這並不代表表面主宰了整個空間的功能，而是提供資訊，讓使用者可以想像出不一樣的可能性。像這樣有紋理的表面足以擾動分區和預先決定的設計，同時也讓公共空間能夠發展出多元的社交活動。

最後，這些介入措施有助於人和物質層次之間形成更緊密的關係，強化桑內特所謂的「我與他者」[135]關係。可行方法是提供適合都市藝術和運動的表面環境，讓居民和環境進行更多直接互動。例如，地方主管機關通常會花費大量資源，防止和追查塗鴉藝術家、滑板等都市運動，與其孤立這類活動，不如將其融入公共場域的設計，如此一來公共空間會更具吸引力、更活躍且充滿生氣——而且成本遠低於禁止和追查。哥倫比亞首都波哥大的前市長古斯塔沃・彼得羅（Gustavo Petro）曾頒布推廣塗鴉藝術的政令，主要是以資助計畫協助藝術家，但是他也限縮了塗鴉合法的地方和條件[136]。雖然這項政令並未消除塗鴉相關的爭議，波哥大舊城區（La Candelaria）的街道仍以獨具美感的壁畫聞名於世，四處都是政治標語和

（上）阿姆斯特丹，巴斯肯布拉瑟街（Buskenblaserstraat），約 1955 年。
（下）阿爾多・凡・艾克設計的介入措施，阿姆斯特丹，巴斯肯布拉瑟街，約 1955 年。
資料來源：阿姆斯特丹市檔案館（Amsterdam City Archives）。

抗議訊息。

這些初步的介入措施可以強化都市表面特定區塊的功能，讓活動和互動更容易發生，因此只要將表面設計成模組化的系統，就能促成公共場域的自然轉變。事實上，上述的三種介入措施的實行方式必須要像拼圖一樣，可以拼裝、拆解、再重新拼裝，這種策略確保了活化的可能性，因此打造公共空間的過程能保有「不完整[137]」的狀態。

第六章　斷面層次的失序

話說回來，城市的複雜性不只存在於街道的層次，以街道為中線，上方區域的重要性不亞於下方。如葛雷罕和都市研究學者露西・休伊特（Lucy Hewitt）指出，批判性都市理論鮮少探討都市空間的垂直維度，兩位學者觀察到隨著城市興起，一定會出現分隔的過程，例如住家分布於垂直的高樓大廈，很難產出失序的公共空間[138]。

許多都市開發計畫都能觀察到水平面和垂直軸間的脫節。二十世紀中期，美國和英國的地方、大型都會區主管機關開始興建貫穿多個城市的高架高速公路。這類建設在美國多處城市發生，例如波士頓在一九五九年興建中央動脈公路（Central Artery），後來在二十一世紀初改建為地下隧道，這項大型計畫被大眾將稱為「大開掘（Big Dig）」[139]。曼哈頓也曾差點上演相同事件，當時建築師羅伯・摩斯（Robert Moses）原本提議建造橫越格林威治村的

快速道路，在雅各帶頭強力反對之下，計畫宣告終止。這類基礎設施計畫將住宅區一分為二，不僅形成明顯的障礙，更導致已建成的環境變得支離破碎。在倫敦的案例中，儘管興建高架環形道路（Ringway 1）的計畫最終也沒有實現，部分路段卻已經竣工。

其中一個路段就是西路高架道，貫穿了倫敦西區北肯辛頓。正是對城市垂直本質的疏忽，導致這段高架道距離附近的住家僅有數公尺遠，這個住宅區因此變得不適合居住。

此外，現代主義住宅開發計畫並不重視垂直設計，功能導向的城市會將行人人流和交通車流區分成不同層級，移動的過程也有優先順序之分，因為居民其實是從一個「功能」行駛到另一個「功能」。住宅開發計畫的願景通常是在大型開放空間興建高樓或長形大廈，並且附帶綠地區域、馬路和停車場，建築和地面之間缺乏關聯性或互動。這種垂直功能區隔塑造出疏離的公共空間，居民因此對陌生人的出現感到恐懼。如果仔細觀察柯比意在著作《規畫明日之城》（*The City of Tomorrow and Its Planning*）中的繪圖[140]，便能看出住宅大樓和大規模造景表面之間的垂直區隔，馬路相當寬敞，可供汽車迅速從一種功能（住家）前往另一種功能（工作），而且道路兩側的建築都距離超過兩百公尺。這種都市配置澈底抹除了身在街道被各種建築和活動環繞的體驗，而街道遭到切分之後，建築和地面之間的關係已所剩無幾。

考量到失序設計也會需要處理垂直城市所引發的問題——地面發生隨興活動、陌生人間的互動與感知方式，通常受到許多因子間接影響，包括該空間周遭大樓的建築元素，最高的建築、不同樓層進行的活動，以及其他垂直維度的物質和社會特性。

建築師會透過繪製斷面圖釐清街道層級、建築的室內設計、不同的地面層級以及建築的垂直元素之間的關係。雖然很多建築師會從平面圖開始設計建築，但建築設計其實也可以從繪製斷面圖著手。雷姆・庫哈斯（Rem Koolhaas）旗下大都會建築事務所（Office for Metropolitan Architecture）設計的西雅圖圖書館（Seattle Library）就是一例，這座建築的設計源頭是斷面圖，呈現出如何垂直安排不同的活動，以及這些不同活動內容間的垂直連結如何創造出適合公共活動的中介空間[141]。

出自柯比意的著作《規畫明日之城》，1929 年，第 238 頁。

如果都市設計師從斷面圖著手，焦點就不會集中在建築的型態，而會注意中介空間、不同元素間的關係，以及街道上行人的體驗。設計斷面的重點在於之後營造出來的氛圍[142]。

以上所有的物質、社會和文化層面都會影響到人在公共場域感知陌生人的方式，也許還會促使行人在公共空間加快腳步，或是選擇稍做停留；這些因素會影響人對待彼此和互動的方式，包括透過眼神接觸、打招呼，到後來的對話與聚會[143]。公共場域的活動也會因此受到鼓勵或抑制，不論是經過規畫還是即興發生。在柯比意的《規畫明日之城》繪圖中，道路都超過兩百公尺寬，並不適合步行穿越馬路、規畫活動或是與人會面。相反的，在吉列廣場的地面層級與周遭建築間的關係之所以能夠確立，是因為有販售亭、租金合理的工作空間、漩渦爵士俱樂部、多爾斯頓文化中心、存放暫時性結構和設備的置物貨櫃，以及與周遭街道的連結。這些位於斷面上的關係有助於促進社交互動和活動形成。

建築師繪製的斷面圖分為兩種類型：

第一種類型是縱斷面，平行於建築最長邊的剖面。

第二種類型是橫斷面[144]，平行於建築最短邊的剖面。

都市設計也會用到這兩種斷面圖。在設計都市空間中的介入措施時，縱斷面圖可以協助我們探索和提出貫穿不同都市空間的新敘事方法，觀察不同地點和活動之間的過渡；近距離觀看橫斷面的策略，則有助於我們探討營造適當氛圍，促進都市空間中的人際關係與互動。

縱斷面

城市在過度限定功能和分隔空間的影響下，變得愈加支離破碎。這種分裂化現象不只發生在水平表面，也會透過垂直元素反映於都市景觀上，而都市景觀的組成除了水平表面還包括垂直元素。相對於畫分出空間階層和導致脫離都市生活的線性序列，桑內特認為應該要設計出「敘事空間[145]」，也就是擾動城市中的線性序列而允許「衝突和歧異[146]」的空間。

空間的線性序列是什麼，又會對都市生活造成什麼影響？這非常類似於紐曼的「領域性」概念[147]，而且從一九八〇年代就應用在許多社會住宅區。紐曼認為現代建築會引發犯罪——這些住宅區內無界線的開放空間會吸引反社會行為，而為了抗衡這種影響，他建議嚴格畫分從公共到半公共、到半私人、再到私人空間的過渡階段。以現代主義住宅區而言，紐曼

認為應該要再細分建築之間的空間，在大樓附近的花園加裝圍欄，並且落實監視作業，進而建立出空間階層。以這樣的線性序列為基礎，他提出領域性的概念，住宅區因此能更容易辨識出陌生人。

乍看之下，紐曼提出的過渡階段似乎很符合邏輯，然而這種清晰的畫分方式沒有即興發揮或擾動的空間。此外，這些畫分會形塑出禁止外來者的封閉空間，並導致住宅區孤立於都市生活之外。

紐曼的提案對美國和英國都有深遠的影響[148][149]，目前在某些倫敦社會住宅區，公共空間遭到再細分，花園入口深鎖，體現了領域性的概念。在一九五〇年代，倫敦郡委員會（London County Council）於倫敦南區布里克斯頓（Brixton）興建的社會住宅羅浮堡住宅區（Loughborough Estate），就是將現代主義住宅群的公共空間改造為防禦空間的實例。這個住宅群由低樓層住宅、中樓層大樓和高樓層長形大廈組成，靈感源自柯比意的馬賽集合住宅（Unité d'habitation），長形大廈的底層架空，地面層具可滲透性。

起初，長形大廈周遭的花園是完全開放，遵循柯比意讓大自然環繞高樓大廈的概念。根據我在蘭貝斯檔案館（Lambeth Archives）、倫敦大都會檔案館（London Metropolitan

Archives）和蘭貝斯規畫應用資料庫找到的資料，我清楚瞭解到這一帶的公共空間歷經什麼樣的轉變[150]。從一九九〇年代開始，周遭所有的花園都封鎖起來僅供居民使用，這些私人土地上有一些遊樂場和造景，其他部分則改建成停車場。長形大廈的地面層同樣全面封鎖，而且特定空間有保全看守，入口處也有安全防護。

居民對於上述程度的介入措施感到滿意，畢竟有遊樂場的封閉花園對於他們的小孩而言是安全的遊戲場所。話雖如此，這種介入措施等於是以圍欄再細分空間，都市景觀從此由無界線的空間改造成充滿障礙物、停車場和門禁森嚴的大樓。這樣的都市景觀無法創造出穿梭於不同地域、地點和活動的體驗，也無法促使人在公共場域互動並參與活動。即便居民在封閉的花園裡比較有安全感，公共街道卻沒有被善用，沒有發揮聚集人群的功能。長久下來，這一帶的氛圍會因此轉變為懼怕陌生人，而不是擁抱意外狀況。

相對地，如果都市空間的設計可以營造出一連串敘事場景，又是如何？不同於紐曼利用牆來嚴格畫分空間以防範陌生人，桑內特主張要建立有滲透性的邊界[151]。這種邊界有不中斷的截面，沒有明確的立牆，還有一連串不同的空間和活動，因而創造出允許顛覆的空間。

許多住宅區有明確的界線，形成實體和心理上的界線，這些界線有不同的目標和結果；

有些目的可能是要防範陌生人，要在社經地位不同的地方之間設下分隔，或是意外導致孤立和分隔狀態的界線。界線有各種不同的型態：可以是封閉的牆或圍欄，例如門禁森嚴的社區或私人社區花園；可以是較小型圍欄或實體障礙物，雖然能輕易跨過但還是有限制的功能；可以是地勢的變化，將兩個空間或一部分基礎設施分隔開來，像是鐵路、大馬路、高速公路或高架公路。界線甚至可以是虛無的狀態：沒有用途或是大範圍的開放空間可以象徵兩個地域間的界線。

根據界線的性質差異，需要採取不同類型的介入措施來將界線改造為邊界[152]。如果界線是圍欄或牆，該採取的行動就會包括消除這些圍欄、牆或形成障礙並分隔區域的實體元素。在某些情況下，當消除這些實體界線不可行，則可以把界線改造成具滲透性的邊界。改造方法就是讓牆具備促進活動的功能，如果牆變成活動發生的地方，就可以創造兩個地方之間的互動，也能創造兩個地域間的過渡地帶。在本書附錄的插圖中，可以看出社會住宅區大廈附近的社區花園原本遭到圍欄嚴格限制，後來改造成適合活動和社交互動的空間，封閉的界線即被改造成有滲透性的邊界。

如果界線牽涉到地勢變化，需要採取的行動同樣是將界線改造為適合互動的地點，例如

在高度不同的區域之間打造出平台式空間，供使用者坐下和互動。

當分隔不同區域的是部分基礎設施，就可能需要動用大型工程，決策過程也可能更費時。為了實施工程，有必要先採行暫時的解決方案，將界線改造成適合互動的地點，並宣告這樣的界線應該要改造成邊界。例如在一九六〇年代後期，倫敦北肯辛頓社區採取了小尺度的介入措施，運用西路高架道下方的空間自建遊樂場，後來居民更發起行動爭取高架高速公路下方約二十三英畝的土地供社區使用。

如果界線屬於空曠、閒置狀態，該採取的行動是將這些空出來的空間改造成過渡空間，像是增添結構或元素，以打造出容納活動和適合互動的地方，強化斷面的連續性，並且避免空間有階層之分。然而，連續性不等同於同質性，而且每一個空間都該有各自的特色，例如市鎮中心的都市空間就不同於住宅區的空間。話說回來，特色不一的空間之間的過渡地帶，必須要能創造友善的體驗。

創造連續性的策略需要結合創造多元體驗的策略；允許擾動的空間是不同物件和情境交會之處，也是隨機的活動出現之處，桑內特將其定義為「充滿時間的空間[153]」。敘事性斷面的空間具備多樣性，活動可以在這裡舉辦，流程也可以從這裡開始。若要在縱斷面打造出這

樣的空間，該採取的介入措施是加入垂直元素，創造出允許擾動和預期之外活動的空間。這些垂直元素本身有多種型態，取決於現有已建成的環境，也可以用不同的方式組合。

垂直元素指的是用於公共空間舉辦活動的輕型結構，或是更實體的建設，可以容納活動或促進建築和街道之間的互動，像是吉列廣場上的市集小店面。也有一些永久性的元素，如燈柱、座位區、不同類型的都市家具，都可以賦予各個空間中縱斷面專屬的特質。另外還有暫時性的元素，可以在公共空間放置、四處移動和從中移除，如電影銀幕、遊戲設備、運動設備、新增座位、舞台或額外照明。以吉列廣場為例，這些元素讓使用者可以根據活動改造已建成的環境。

在縱斷面塑造出多樣性的另一個方法是運用不同類型的植栽，或是不同類型的結構和輔助促進植栽生長。如縱斷面插圖（請參考本書的彩頁附錄）所示，只要增添多元的垂直元素，就有辦法打造出這種變化多端的環境。

設備、容納活動的地點以及臨街面等，這些垂直元素可以在都市表面相互組合，並且賦予環境具備額外的功能來應對難以預測的情況。這些元素可以將建築作為背景來組合，尤其是無窗的牆面或門，以及建築和街道間的互動需要改善之處。如前文所分析，元素也可以附

加在現有的牆和圍欄，將界線改造為邊界。

加入垂直元素之後，縱斷面會因為都市景觀的變化具有多樣性，不受牆構成的固定階層影響，這種敘事性的斷面會模糊充斥於都市環境的分隔界線。透過組合新的結構和都市元素，縱斷面策略首先可以建構出具滲透性的邊界，亦即在城市中不同空間交界處適合互動的空間，次則可以為市鎮景觀增添多樣性；最後，這項策略會創造出允許擾動的空間，意料之外的活動會發生在此處，讓失序狀態呈現出更為正面的形象。

橫斷面

縱斷面策略的目標是創造出連續的體驗，而與之相連的橫斷面策略則是要探討各種都市體驗的詳細方案。橫斷面策略需要仔細觀察水平表面和垂直元素——建築量體、平面、線條——該如何相互組合才能催生出不同的功能，並在已建成的環境中帶來多樣的體驗。橫斷面的介入措施會改動實體環境，考量的因素包括街道空間會因此變成什麼樣貌、行人會有什麼觀感和體驗，以及行人在改動後的空間如何感知陌生人。這些介入措施也需要特別關注室內

——室外、公共——私人關係，以及邊界兩側之間的互動。

都市規畫師揚・蓋爾（Jan Gehl）等學者曾研究過某些因子如何影響人感知陌生人的方式，如街道的比例、建築大小和人類尺度之間的關係、人可能產生的封閉感，以及都市空間的多樣性[154]。建築之間的空間其特性和比例也可能會影響到特定的關係型態；歐洲古城的狹窄街道如西班牙塞維利亞老城區（Casco Antiguo），也許會讓人對陌生人間的互動產生特殊的觀感，而在現代主義開發計畫常見的大型開放空間，或是各種活動被分隔到不同垂直層級的空間，則可能會導致另一種互動或孤立狀態。

分隔和孤立有多種型態，有可能會發生在界線尚未確立時，像是在某些現代主義住宅區中，開放空間完全沒有界線，公共場域因此變得疏離。其他型態則落在另一個極端，亦即封閉空間過多加上強力界線，如果各空間的互動不良，也可能會造成分隔和孤立的狀態。桑內特認為當代建築的平板玻璃外牆是封閉的界線[155]，室外的人也許能夠看到室內，但卻無法進行互動。他也列舉出一些不同型態的分隔方式，例如運用自然元素來區分不該混雜的事物、活動和人群[156]。

為了改造這些分隔方式，我會建議採用能建立滲透性邊界的策略，來促進社交互動和交

流。建立這樣的空間之後，將會有助於降低一般人對陌生人的恐懼感。

那麼要如何透過都市設計建立這樣的空間？我們必須把建築之間的空間視為不同元素——不論是物質還是非物質——組成之後的結果，因此可以拼裝、拆解、再重新拼裝。橫斷面是用來描繪、設計和理解特定空間的方式，可以協助我們釐清構成都市場域的不同元素之間有何關係。

只要運用斷面上的元素拼裝體，我們就能營造出符合人類尺度的都市景觀，進而建立鼓勵社會接觸的都市環境。這項目標可以經由工程達成，包括改變建築之間的距離與面對街道的建設高度。除了考量人類尺度後修正街道比例，也需要重新組合垂直元素和新結構，來建立能促進即興發揮的環境，讓公共場域可以具備多樣性和容納各種活動。

那麼橫斷面的重新組合要從何開始？斷面上的介入措施必須配合地面「之下」和「之上」的措施，而且兩者的流程相當類似。第一步是要以特定方式擾動斷面，藉此開啟新的互動可能性並釋放僵化的都市環境。以吉列廣場為例，造成這種「擾動」的就是設置在停車場旁建築後方的販售亭，附近因此開始出現社交互動，在數年後也進而興建了廣場。

初步的擾動開始發揮作用之後，可以將後續的介入措施加入先前的元素，讓斷面能根

據不同的情形進行變化，並且催生出促進隨興活動的多元都市環境。在二〇〇八年後經濟衰退最嚴重的數年間，西班牙塞維利亞沒有太多資源可以分配給文化基礎設施，於是藝術團體 Varuma Teatro 聯手 Recetas Urbanas 工作室的建築師聖地亞哥・西魯蓋達（Santiago Cirugeda），在塞維利亞半邊陲地區的空地上興建馬戲學校[157]。他們首先架設了馬戲團帳篷和「蜘蛛」（Araña，一種特製的組合式貨櫃，有四個以拼裝桁架製成的鉸接腳可以固定在地上）。上述的兩種建設都是自建而且採用再生的元素，豐富而多樣的文化場合和活動應運而生。不久後其他團體也開始合作，在同一片空地上進行新的建設[158]：執行視聽計畫的攝影實驗室、開放式教室、綠色廊道。由於不斷有新物件納入組合，加上持續歡迎新的團體加入其中，這個被稱為「帳篷（La Carpa）」的空間具有自然成長的能力[159]。以上就是非常典型的例子，初期的「擾動」成功引發複製效應。

組合在橫斷面上的垂直元素也可以採用模組化系統，就如同地面「之上」和「之下」的基礎設施。這些元素可以是介於私人與公共空間的邊陲地帶或現有「界線」的輕型設施[160]，如圍欄或牆，因此可以改造成適合互動的地點。如果這類結構位於「界線」處，就能解決先前提到不同型態的孤立：當公共場域的界線尚未確立，這類結構可以賦予街道比較理

想的功能，或者可以讓封閉的牆變開放，並且消除垂直維度的孤立狀態。

在現代主義住宅區中，如果公共場域的界線尚未確立，賦予街道比較理想的功能會有助於促進社會接觸[161]。達到這項目標並不需要重建街道，只需要在現有的已建成環境加入新的結構。如果區隔狀態是因為圍欄、牆或者其他型態及垂直的孤立狀態而產生，新增的結構可以創造出分隔空間裡促進彼此互動的場域。

賦予街道比較理想的功能時，必須避免採用增建實體建設、建築、牆或拆除現有建築這類介入措施。以美國、英國和其他歐洲國家的住宅區再開發計畫為例，通常會拆除現有的建築，並以傳統且具有被動監視效果的街道規畫取而代之。這種街道工程不僅將大規模拆除住宅區合理化，有時也將社會清洗的後果正當化。如果有必要興建這種街道，可以改為在現有的已建成環境中組合多種元素，方法是建立桑內特所謂的「細胞牆」，亦即兼具「防護力和滲透性[162]」且允許互動的結構。正因如此，住宅區橫斷面的介入措施應該要從輕型設施著手，針對通常會遭到平面停車場和花園圍欄占據的空間，來畫分街道區域。就如同吉列廣場的販售亭和貨櫃，這類輕型設施可以用於舉辦有助於改善空間外觀的活動，同時也有存放其他結構的功能。而在塞維利亞帳篷的案例中，這個結構會自然成長，也可以依照使用者的需求新

增元素，讓輕型設施具備結構上的功能以輔助其他在上方的活動，並根據活動的條件垂直成長。正如「橫斷面」插圖（請參考本書的彩頁附錄）所示，這類結構原本只是覆蓋在地面上，同時讓使用者可以選擇在上方組合其他結構。

像這樣拼裝結構的開放系統會造就持續變化的動態橫斷面，讓表面具有彈性和模組性質，進而強化結構拼裝體，以多元地建成環境應對各式各樣的情境。這些相互關聯的結構也可以再加上其他類型的結構，後者雖然沒有畫分街道的功能，但可以插入表面的任一部分。以塞維利亞帳篷為例，這類設施是由拼裝式或一般元素結合而成，拼裝之後就能構成更為複雜的結構。此外，所謂的結構也包括燈柱、樹木、移動式植栽或街道家具等元素，這些都可以插入表面，至於這些元素是否需要出現在都市表面，則取決於空間中正在進行的活動。上述所有結構都是具有彈性開放系統中的一部分，而在這個系統中，不同的拼裝體可以在各種特定的時機即時做出因應。

由於對公共空間感到恐懼，大眾、社區、地方主管機關、開發商和都市設計師都希望在私人和公共空間之間的街道設下強力界線，讓在家時能更有安全感。桑內特在著作《眼睛的良知》中就探討了這種把家當作避難處的態度，以及這對於建構城市的方式有何影響[163]。這

種私人與公共的分野就是阻礙善用公共空間的因子之一，可以保護建築的明顯界線如圍欄、牆或過度防備的入口，會塑造出不友善的公共空間，無法促進公共聚會和活動，因此公共空間唯一的功能就是從一種功能移動到一種功能的途徑。

為了抗衡上述的影響，介入措施應該要建立過渡空間，讓私人和公共空間產生互動，為兩者間僵化的關係增添彈性，也能使大眾離開住家之後在公共空間感到更自在。

這裡的困難之處在於：私人和公共之間「界線」究竟該如何畫分？要如何適當地畫分街道空間才不會導致孤立狀態？這些界線必須避免採用牆、圍欄以及阻礙互動的元素，也必須避免介入措施導致建築和都市表面淪為垂直孤立狀態，介入措施應該要是能將界線改造為互動地點的結構。

這些介於私人與公共空間之間的互動地點必須具備下列功能：首先，這類空間一定得是具不同隱私程度的多孔界線[164]，亦即允許外來者聽見、看見和體驗開放區域。例如，在現代主義住宅區畫分開放空間和花園時，該採取的做法是建立可以區隔出花園的結構，但同時允許由外向內看以及在外部參與活動，並且建立通往開放空間的進入點。

結構該具備的第二種功能，是舉辦可以與街道和開放空間直接互動的活動，來賦予街道

生命力。如橫斷面插圖所示，這樣的過渡空間可以用於舉辦各式各樣的活動：社區空間、運動、社區廚房、小型商家營業地點或有遮蔽的公共空間可供居民一起坐下休憩。

結構該具備的第三種功能是促進社會接觸；如前所述，塞維利亞老城中心的都市配置，是狹窄的街道和低矮的建築，相較於柯比意理想中的光輝城市（Ville Radieuse），有寬闊的街道和間隔超過兩百公尺建築，前者更有可能產生社會接觸。然而，這並不表示現代主義開發計畫一定得效仿古城的配置；恰好相反，同樣以畫分現代主義住宅中的開放空間為例，引進這些結構可以改變街道比例和確立人類尺度，就如橫斷面插圖所示，可以將低矮的建設作為街道和高樓之間的過渡空間。

若要釐清和強化這些連結，就必須將斷面視為建築和人的交會之處，同時也要理解人對於下列元素的依附關係：特定社區資產、公共空間物件、現有的樹木、綠地空間和已建成環境中的其他物質層面。經由瞭解這些關係，新的介入措施將可以保有現存的社會和實體層面基礎設施，同時改善疏忽之處。建立這類環境的過程，等於是要以現有社區空間為中心設置基礎設施，並且賦予空間更多功能。如此一來，空間會轉變為另一種型態，不再受制於秩序和由上到下的決策形式，而是成為可以因應衝突的對抗空間（Counter-spaces），具有不斷

變化、一再重組的特性。

許多這類空間的主導者並不是地方主管機關、開發商或設計師，而是社區倡議活動或地方的行動主義分子。西路高架道就是這種另類空間誕生的典型案例，在第一場抗爭之後過了將近五十年，這個空間依舊充滿爭議，居民歷經了社區空間萎縮、社區資產私有化以及格蘭菲塔大火的悲劇。這些爭議也讓其他空間出現，如占領西路高架道下方阿克藍村的 Bay 56 區，並且改造為社區空間。這個空間是由地方的行動主義分子管理，本身就是拼裝各種組成元素的結果，包括地方行動、抗爭、結盟型態、社區倡議活動和文化。這是個不斷重組的空間，用途包括儲放幫助格蘭菲塔大火受災戶的捐款、作為文化場所、抗爭行動聚會處，或是進行衝突調解。這類空間都是隨著地方抗爭出現的空間，也讓設計師可以從中學會如何打造出像這樣的社會和實體元素拼裝，來為社區提供社會和實體層面的基礎設施，讓活動和倡議行動可以在此發生。

第七章　流程與流動

要將公共場域打造成開放系統——改造為流程型態——首先得打造初步的介入措施，以創造出促成社交互動的環境，也就是要建立特定的地點、集體基礎設施或其他實體物件，能夠在公共場域催生出協商、協議、集體意識和不同型態的互動，甚至是衝突。以這些初期介入措施和互動為起點，大眾就能比較完善地確立不同型態的公共場域交流、使用和集體管理。

其次，將公共空間打造成流程型態，意味著設計時要考量到不確定性。針對地面「之下」、「之上」和「斷面」的策略，就是在探討如何讓公共場域維持「不完整」的狀態[165]，才能持續升級和調整以因應不確定的將來。這些策略也探討了如何讓不同元素具備功能性能力，而不是只有固定的功能，因為公共場域的活動和互動是取決於元素之間的各種關聯性。

這類公共空間具有多元用途，甚至包括超乎設計師預想的用途。正因如此，建築師和規畫師在設計時應該考量到無限定狀態，亦即提出廣納多種可能性的流程。考量到無限定狀態的設計在實際應用時會面臨諸多挑戰：地方主管機關、客戶、大眾、建築師和規畫師通常不願意接受無限定狀態，因為害怕情況失控[166]。不確定性被視為一種風險。

話雖如此，機會之窗並沒有完全緊閉，已經有地方主管機關和其他機構開始考慮採用「共同設計流程」打造公共空間。儘管我們必須謹慎看待標榜為參與式流程的做法，因為大多數都只是淪為樣板[167]，但有些地方主管機關確實正在研議創新的共同設計形式，並開始接受不確定性所帶來的風險。

挪威城市哈馬爾（Hamar）的大廣場（Stortorget Square）設計流程就是絕佳的案例：地方主管機關舉辦了透過藝術介入措施重新活化廣場的競賽，獲勝作品是來自西班牙的建築師事務所 Ecosistema Urbano，不過他們提交的作品並不是都市藝術介入措施，而是重新設計廣場的參與流程[168]。這項計畫並沒有明確的成果，但卻讓大眾得以參與決定自己對廣場的願景。在這個案例中，事務所和負責遴選作品的主管機關都大膽接受不確定性並參與其中。

Ecosistema Urbano針對大廣場提出參與式共同設計流程，透過一系列的短期都市行動和臨時活動讓大眾參與，並因此意識到公共空間的可能性，這也讓大眾有動機參與廣場的集體設計[169]。從這個案例可以看出，流程是如何促進人與空間的互動以及集體意識，這個例子也顯現出社會關注的重點開始從計畫是否完工，漸漸轉向擁抱不確定性的開放流程。

建築師、都市設計師和規畫師必須學會與上述的不確定性合作，也有必要仔細思考設計流程中的不同階段和各步驟的可能結果[170]。此外，這些步驟不該只是線性流程中為了達成單一目標的一環，而要是允許隨時重新開始或返回前一階段的非線性流程，而且可以與其他步驟同時運作、交疊和組合。正因如此，與其將這些步驟以序列的方式呈現，我選擇以兩個交疊的流程呈現：考量互動的設計以及考量無限定狀態的設計。

考量互動的設計

共同設計流程可能會在各個階段「失效（Fail）」，但所謂的失效是什麼意思？如果大眾沒有或不再與公共場域的介入措施互動，就表示共同設計流程失效了，這種缺乏或終止參

與的狀況有可能會發生在流程中不同的階段。

假設大眾不想接受初期的介入措施，那麼缺乏參與的狀況有可能在流程一開始就出現。例如地方主管機關（或其他組織）委託建築師或都市設計師研議公共場域的「場所營造（Placemaking）」介入措施，目標是活化空間和大眾使用空間，如果這些初期介入措施並沒有仔細考量到現有的活動、社區組織和當地的顧慮，介入措施就很有可能無法如當初預想的促進參與。居民可能會對介入措施感到陌生，並認為自己從未被納入考量，特別是若居民和負責委託公共空間設計的地方主管機關或組織有過糾紛的情況下。

即便初期介入措施成功促進新的協商、居民參與和各種型態的社會互動，流程還是有可能會失效。就算是建築師、都市設計師、地方主管機關、出資單位或其他組織都已經參與同設計流程一段時間，如果流程沒有考量到社會—物質互動要如何長期延續，初期介入措施也有可能失去動能。協商和不同型態的互動可能會中止；公共場域的活動可能會因為缺乏資金不再舉辦；初期介入措施也可能會漸漸遭到忽略。換句話說，促進大眾參與的公共空間經過一段時間有可能會變成封閉系統。

初期介入措施要如何在流程一開始就促使大眾參與？實體介入措施（如前面章節所述）

要如何誘發協商和不同型態的互動？社會—物質互動要如何長時間延續？以下會探討因應這些問題的策略。

第一步就是要理解地方內現有的社會和實體層面基礎設施，才能在既有的環境之上進行建設[171]。J&L Gibbon 和 muf architecture/art 兩間事務所推行的「多爾斯頓空間改造（Making Space in Dalston）」就是一例，這是他們專為哈克尼倫敦自治市（London Borough of Hackney）、倫敦開發署和「設計倫敦（Design for London）實驗」所設計的策略。這項計畫和傳統的「都市計畫圖」概念大相逕庭，是以現存的環境為基礎，為改善多爾斯頓的公共空間和社區基礎設施提出一套流程。

這項計畫提出三步驟流程遵循下列的原則：「重視現存之處」、「培養可能之處」以及「定義遺漏之處[172]」。在他們的報告中，大部分的篇幅用於分析既有的公共空間、社區基礎設施以及在多爾斯頓舉辦的活動，正因為對於多爾斯頓既有的社會和實體環境有如此深度的理解，他們的提案才能實現尊重現有空間和活動，同時透過小型的介入措施改善空間。

既然流程的第一步驟是「理解」，都市設計師該關注的又是哪些社會和實體關係？首先，有必要釐清當地人如何投入公共場域，和運用現有的社區基礎設施，包括圖書館、社區空

間、教育設施、文化場館、聚會地點（有些可能是私人場所），以及當地人因為回憶和過去事件而有特殊情感的地方。瞭解當地人對這些地方的依附程度、使用空間的方式，以及他們參與打造空間的過程，都是很重要的一環。

瞭解區域內進行的活動也有其必要性，也許是社區廚房、兒童遊戲班、社區園藝或都市農場、宗教活動、在地活動或其他型態的社交聚會。與這些活動相關的現有結盟和交流關係也有必要釐清，可能是居民支援彼此從事特定活動的過程，如托兒、教導與學習、烹飪或陪伴，有或無買賣關係；也可能是居民為了使用特定空間或資源而進行的特定協議和協商。以上這些都會構成現有的社會－物質互動，而初期介入措施就是要以此為基礎。

此外，瞭解社區、參與區域內規畫和行動主義的歷史也很重要，一定要清楚知道哪一部分的社區基礎設施和公共空間之所以存在，是因為當地民眾爭取這些空間作為公共用途。對社區利益團體、行動主義分子和區域內的行動有所瞭解並進行交流也是關鍵步驟，許多這類團體已經投入數年推動與這些公共空間和部分基礎設施相關的議題。

在流程開始之前，這類研究不可或缺，得知哪些事物、地方和建築對於當地人來說有特殊價值，才能制定出策略來確保這些空間和其價值得以保存和強化。在進行深度研究之前，

有些空間也許不怎麼受建築師青睞，有些則會被視為「不合時宜」；然而，這些空間卻可能是特定團體的聚會據點，移除這些空間會導致特定的一群人和弱勢者沒有可聚會或培養交流關係的地方。

在倫敦的市場，這樣的案例俯拾皆是，例如倫敦北區的七姊妹市場（Seven Sisters Market）或象堡購物中心（Elephant and Castle Shopping Centre），分別販售相當特定的食物和商品給拉丁美洲族群，同時也是他們的聚會據點，而這些地方都面臨遭到拆除和遷移的威脅[173]。這類空間構成了相當重要的社區基礎設施，新的提案應該要予以尊重並改善而不是澈底抹除。

此外，釐清區域內現有的活動以及結盟與交流關係，會有助於擬定出強化這些元素的提案——部分元素也許不明顯、缺乏資源或沒有必要設施來發揮完整潛力。話雖如此，千萬要避免對於特定情況的需求做出任何假設，如果直接移除老舊設施用閃閃發亮的新品取而代之，並企圖藉此將非正規的活動變得正規，通常反而會扼殺這類非正規流程。與其替換當地的設施，與這些設施的使用者合作以得知他們的實際需求才更為重要。

有些地方歷來的傳統就是發起社區行動、參與規畫決策以及由下至上建立公共空間和基

礎設施，部分社區空間可能就是多年來發起行動和民間倡議活動的成果。其他地方則可能是專門舉辦特定活動，以支持重要的社區基礎設施，倫敦北區格蘭佛（Granville）的南基爾本住宅區（South Kilburn Estate）社區廚房就是一例，其作用是烹煮健康料理，並免費提供給住宅區居民以及出席聚會者。社區廚房的活動大多是週五在格蘭佛舉辦，過去幾年來這個社區中心一直面臨建築更新的威脅[174]。像這樣的社會層面基礎設施讓居民可以彼此互動、陪伴，還可以享用健康料理，因此價值不容小覷，這個空間應該要獲得大力支持，不該落入困境。

歷來行動主義色彩濃厚的社區，或是組織地方活動的團體都握有豐富的資訊，對於都市設計師而言極具價值。與這些團體合作設計流程來提供新的公共空間和社區基礎設施，將可以強化現有的社會—物質互動，也可以促成新的互動型態。

然而，有些地方的連結型態未必如此緊密或是難以察覺，當地人可能完全沒有接觸公共空間和社區基礎設施。面對這種缺乏集體參與的現象，常見的因應做法就是拆除公共資產，例如公共圖書館或社區場館。與其直接移除這些空間，理想的策略應該要著重於促進新的互動：鼓勵居民接觸公共空間、實體物件、社區資產和鄰里內其他元素。

當介入措施成功引起新的協商過程，居民開始討論如何運用、投入和管理共享的基礎設施資源、空間和公共空間實體元素，上述的互動就會隨之出現。一旦協商變成使用共享資源和空間時的必要一環，社交互動就會成為公共場域中不可或缺的要素。這裡所建議的基礎設施和公共空間擾動手法需要集體管理，居民會因為這些擾動的做法而對必要的需求改觀，原本只是從個人層面意識到資源消耗，漸漸變為對資源產出、管理與消耗有集體共識。

這種新的集體要素會促使居民開始協商使用協議，類似於資源匱乏或基礎設施損壞等情況下會進行的討論[175]；例如，在住宅區的建築屋頂安裝太陽能板以產出歸社區所有的電力，就可以促進這類關於基礎設施的協商和討論。如果全體居民共同擁有一部分有價值的基礎設施如太陽能板，要如何運用這些電力、誰可以因此獲益，以及如何處理衍生的收益等問題，一定會促使居民展開互動、協議和對話。

在倫敦，非營利組織「倫敦充電（Repowering London）」致力於推動社區自主電力計畫，協助社區居民募款並在住宅安裝自己的太陽能板。前文提到的倫敦南區布里克斯頓的羅浮堡住宅，就是這個組織首次實行計畫的地方，他們協助居民在住宅大樓的屋頂裝設太陽能板。產出的電力有部分用於社區設施，其餘則賣給電網，其中一部分的收益會撥給社區基金，可

以用來籌辦活動和改善用電效率[176]。

其他計畫如倫敦東區哈克尼的班尼斯特住宅區（Banester House Estate），倫敦充電成立合作社，並由居民擔任管理者[177]。建立這類歸社區所有的基礎設施不僅有助於產出更乾淨的電力，更獨立於大型電力公司之外，也有助於形成對基礎設施的集體意識，並針對如何管理產出電力進行新型態的結盟、會議、討論和協議。

公共空間內的介入措施也可以促進這一類協商，這些介入措施的參與方式可能包括特定的集體協議、決策或管理。這些協議可以概要地指引如何運用裝配基礎設施和其他性質/能力的都市表面，促成公共場域的活動。為了鼓勵這類討論，都市設計師應該要考量初期在確立集體協議和公共場域管理制度時所需的環境，而要塑造出這樣的環境，就必須與既有的地方團體交流。

是否有產生新的協商和集體管理型態，可以透過小型介入措施來進行測試。只要引進一部分的基礎設施或集體資源，例如歸社區所有的太陽能或需要共同維護的小範圍土地，就可以看出居民首先達成的是哪一種協議，又產生了哪一種互動。

如果想要引進顛覆性的元素來激發出上述的協商需求，必須要以現有的結盟和資源共享型態為基礎，也許是現有的群體、社區團體、守護或挽救社區資產的行動，或者是其他團體和個人。理解或甚至是預期這些團體可能的需求也會是很有效的做法：加強公共照明、解決能源貧窮問題，或是在公共場域新建特定的設施來催生出更多樣的社區活動。

以共享的基礎設施或共享都市表面處理這些集體和公共需求，有助於發展出新的治理型態，這些初期介入措施會促使居民展開協商，並針對相關問題達成初期協議，像是如何處理產出資源、誰可以使用資源，以及資源生產/消耗過程中需要進行什麼類型的交易。對於如何將公共場域作為社區活動之用並參與其中，居民也需要制定協議和規章。初期的擾動措施等於是在實驗開放性和不確定性，同時也是在探尋適合的集體管理和治理型態，這些初期的集體管理實驗會在讓系統變開放的過程中隨時間進化，漸漸變得可以配合未來的基礎設施介入措施。

因為初期介入措施而產生的互動、結盟、討論和協議型態，會建立出流動式交換關係的系統。

例如，市營電網和集體基礎設施之間的關係就是固定狀態，集體基礎設施具備和市營電網交換資源的功能，後者則負責重新分配資源，並確保基礎設施和公共空間的公平使用。雖然這樣的關係會導致市營電網和集體基礎設施之間有階層之分，但在微觀層次還是有可能實現開放的不同治理型態以及流動的交換。

流動式交換型態會出現在基礎設施「之下」和表面「之上」；如果表面上的端點有助於進行大眾想要的活動，就可能會有使用者願意與這些端點連結，流動的交換關係就是由此產生，因為任何人都可以加入。

由於集體基礎設施和表面是開放給所有人使用，這些在市營電網之外的交換會需要某種型態的管理與治理才能運作。在思考如何建立、管理和維護這類基礎設施時，會面臨三大問題：基礎設施是為誰而設計？誰負責支付成本？有哪些既存的協議？若要解答這三個問題，就需要針對如何實現流動的、微觀層次的資源交換達成協議。集體基礎設施中有兩種需要管理的項目：資源的集散地以及消耗的端點。

資源集散地在初期需要投資，可以經由和地方主管機關共同投資、經由合作／共同投資，以及／或者經由再生能源的專門補助或財務計畫。初期基礎設施完成後，產出的資源可

以自用。以發電的案例而言，需要先達成的協議之一就是決定如何處理過剩的產出電力，如果社區有連結市營電網，就可以把電力賣回電網，收益可用於補償初期投資，並且支付一年之中自產電量不夠用時的電費。

以上是標準流程，不過還有其他比較流動且非正規的資源交換選項，例如透過公共空間端點分配過剩電力。端點可分配部分的「過剩電力」；然而，一旦集體決定要輸送過剩電力到端點，就必須在這種流動交換的「規則」上達成共識。

為了讓這個系統保持開放，交換過程應該要開放讓所有人參與，而不是只有該集體的成員。以公共自行車租借系統為例，使用者在固定時間內可以解開並騎乘自行車，集體基礎設施也可以運用類似的技術，讓所有人都可以用某些東西來交換資源；這種做法對於合作社成員和與其經常互動的人而言，取得資源會更輕鬆也更快速。

然而，如果把上述過程簡化成金錢交易，整個系統就和現今興起的眾多應用程式及新創公司沒有什麼差異了。這樣的交換過程要如何變得更開放？

在本書提出的基礎設施中，集體可以交換、商品、資源和服務，而且完全不需要中介或

金錢交易。基礎設施資源能用於進行各種對社區有貢獻的交換，如果是在市營電網之外交換資源，集體可以用「剩餘資源」換取有益於合作社和有助於其持續升級的服務或商品。

「社會貨幣」就屬於這種另類交換型態，像倫敦南區的布里克斯頓磅（Brixton Pound）或西班牙塞維利亞的美洲獅幣（Puma），都是民間發起的替代貨幣倡議活動，這類貨幣可以交換商品和服務，或是用於在當地商家購物，完全不需要透過受管制的金錢交易。以布里克斯頓磅而言，這種替代貨幣的目標是推廣地方商家和保護他們不受大型連鎖商店影響[178]。

透過發行只有當地商家接受的地方貨幣（可與英鎊一比一兌換），可以確保這些錢都是花在布里克斯頓的商家上。塞維利亞北古城區（Casco Norte）的美洲獅幣則和布里克斯頓磅的案例不太一樣，比較接近我在本章建議的交換形式。這是一種地方交易系統（LETS），沒有紙幣或硬幣，使用者不需要金錢就可以交換服務、商品和照護人力，只要運用兩個數位平台即可得知自己握有或欠缺多少美洲獅幣，以及有多少額度可以進行交換[179]。美洲獅幣的目標之一就是讓使用者經由這些交換關係，「更深入瞭解社區的居民和環境[180]」。

考量不確定性的設計

那麼該如何在設計時考量到不確定性？簡而言之，每一項都市設計提案都是在試圖處理不確定的結果。大眾會如何與公共空間互動或是在公共場所會有什麼行為；有哪些活動會在公共空間出現；以及公共空間是否會頻繁地被使用，全都是不可能預測的事。傳統上，都市規畫的目的是控制這種不確定性，因此會指定土地、建築和公共空間的功能，或採取其他設計措施來避免特定行為出現：避免民眾進入特定空間的欄杆、避免遊民睡在地上的尖釘，或者為了避免群聚而兩兩分隔一段距離的長椅。

我們應該要考量用不同的方式來處理不確定性，讓公共場域沒有指定功能但具備多樣的功能能力。這些功能並非預先決定，而是取決於民眾如何與下列的要素互動：公共場域的實體元素、特定的管理型態、正式規畫的政策，或其他非正規的治理型態[181]。這就是我所建議的，打造出「不完整[182]」的公共空間，這樣的空間會根據不斷變化的情境持續調整，也可以進行改正和升級。

實現考量不確定性的設計是一大挑戰，地方主管機關、第三部門組織、私人客戶、規畫

師、建築師、甚至通常連社區都不太願意接受無法預測的結果。一般而言，人人都對未知感到恐懼，將不確定性視為風險，而任何都市計畫提案的目標都是要降低風險。如果都市設計師願意提出介入措施來保留不確定性和即興發揮的空間，就必須面對上述的挑戰。在一些狀況下，這些提案會在設計流程中被捨棄，因為風險過高，或是為了避免無法控管的結果。

因此都市設計師必須面對的關鍵問題就是：要如何將這種風險和不確定性轉化為正面因子？與其降低風險，不如改以管理的方式處理；不確定性則可以視為一種機會，因為流程所帶來的益處可能會超出最終結果的益處。只要有人積極參與流程，最明顯的成果之一就是所有的參與者都會經歷學習的過程，不論是居民、地方商家，還是設計師、規畫師和地方主管機關。都市設計師在向地方主管機關或其他客戶提議採用這類流程時，一定要特別強調上述的學習經驗也是一種成果。

這些流程有助於增進大眾對規畫議題的認識，並強化大眾與周遭環境之間的互動。在過程中，地方主管機關也可以學習如何應對民眾的需求，而從中獲益。促進居民參與的實驗性流程也會讓地方主管機關歷經學習的過程，例如巴塞隆納和馬德里市政府推出的數位平台，讓市民可以對城市的規畫提案、評論和投票。至於建築師和規畫師，每次參與共同設計流程

他們都會更瞭解自己的計畫是否有滿足民眾的需求，以及該如何用更理想的方式讓大眾參與。

除了這些學習層面的成果，保有不確定性的開放流程更是擴展和實驗各種民主制度型態的大好機會，其中的決策並非固定不變，而是可以依照民眾如何與已建成的環境互動，有彈性地進行變更。開放流程可以實現持續的調整、反饋和修正。

此時需要面對的問題是：都市設計師要如何設計出上述的失序狀態？打造出建立「保有不確定性的系統」所需的環境，其實和前述的社會－物質互動的設計策略相互呼應。更明確地說，這種策略所影響的流程，是從促成新協商的初期介入措施，到建立具有流動交換關係的系統。而策略的功能是實施後續步驟以延續初期的介入措施，並且打造出可以管理不確定性、隨著未知未來調整的系統。簡而言之，打造有彈性的基礎設施和公共空間，就可以建立保有不確定性的系統。

我在前文提過，應該要打造與現有基礎設施系統重疊和互動的集體基礎設施，與其用取代的方式，不如加入易於修改和升級的新基礎設施零件。這種新一層的基礎設施可以讓基礎設施從「黑盒子狀態[183]」，變為集體和個人容易理解（甚至是容易變更）的設施。像歸社區

所有的太陽能板這類集體基礎設施，是增建在現有的基礎設施系統之上，讓居民可以握有更多自主權，並且對於自己和產出的電力有更多認識。這類型態的基礎設施在升級和新增時完全不需要歷經大規模的基礎設施變更，而且就如前文所提到的，有助於促成新的集體行動和結盟形式。

考量到與基礎設施的連結，我也建議打造出能以不同方式拼裝、拆解和重新拼裝的模組化地板。為了實現像這樣的模組特性和彈性，應該要設置類似於辦公室空間採用的技術設備地板，讓使用者可以輕鬆而直接地運用集體基礎設施。初期的基礎設施介入措施成功誘發初步的社區協商和流動的交換型態之後，就能開始在現有的表面上增建基礎設施地板。模組化表面可以建立在現有的表面之上，還能以一次增建一點的方式實行。由於技術設備地板只含有集體基礎設施，其中的管線和設施理論上只會將表面墊高數公分而已。

我也在前文提出可以拼裝、拆解、再重新拼裝至都市表面的垂直元素：可插入地面（配有孔洞和基座）的桿子、容易組合的各種棚架，以及能用於舉辦活動的模組化拼裝。這些元素可以自建（只需要一點技術支援和組裝的時間），也能依照使用者的需求輕易變更。

本書所分析的介入措施會在公共場域引進暫時性的環境，並提供自主管理所需的裝置、

建設系統和設施。這種暫時性的環境要經由前述的彈性系統引進，這種系統能賦予公共空間多樣的用途，以及使用者適應不同情況的能力：天氣、季節、週末和節日，還有期程及強度不一的各種活動。因此而形成的開放系統充滿了可能性，會往不同的方向成長，也會隨著社區行動和協商進化。落實自主管理的方法包括營造初步的環境，或是先制定之後可以由社區自行決議變更的「規則」。諸如此類的協商有助於促成結盟和社會關係，而這就是實行策略的最終目標。

本書所介紹的每一種都市介入措施都會帶來難以預測的結果，正因為這樣的不確定性，有必要持續針對流程中的每一個步驟取得後續的反饋。取得反饋的時機必須是在地面「之下」、「之上」、「斷面」和「流程」的策略實施之後。

反饋會影響到基礎設施和公共空間是否能夠調整、達到良好的修復和維護品質、成長或退化、增添新元素，以及修正、移除、取代或升級成效不佳的部分。根據歷史經驗，基礎設施總是在大規模毀損之後才會進行改良和升級[184]。基於相同的道理，如果能夠根據反饋採取相應的作為，本書建議的介入措施就可以持續改良和調整。

本書所提到的策略未必會如建議般發揮作用，這些策略帶來的是可能性，而不是絕對的

結果。如果要得知策略是否成功引起協商、正向互動，並且促使大眾更勇於面對未知，持續的反饋絕對有其必要。在不斷改寫這些文字的過程中，持續的反饋也是不可或缺的一環。

所謂有彈性的系統會接受持續的反饋，更會根據這些反饋進行調整和變更。這樣的系統可以實現集體治理，讓參與者能夠直接改正和關懷環境，也能參與決策。此外，有彈性的系統自有一套蒐集反饋和因應反饋的機制。

蒐集反饋的管道也許是社交聚會、集會或像是馬德里採用的數位平台。二〇一五年西班牙的自治城市派在數個城市的選舉取得勝利之後[185]，這些城市開始採用如「Decide Madrid[186]」的平台，這類數位論壇讓可以民眾提案、討論和決定各種改善做法、介入措施或變革。目前這些平台都還在實驗階段，決策方式是直接在網路上投票，因此沒有太多空間可達成集體協議。此外，平台都是應用在像馬德里的大型城市，所以要實現直接民主的形式會比較困難。話雖如此，如果配合其他形式的集體決策，並且以較小的尺度實施，這類平台還是有十足的潛力，能針對如何持續升級基礎設施和公共空間提供即時反饋[187]。

既然要納入任何一種反饋，就有必要在此投入資源。擬定策略時必須要設計出由工作小組或聚會蒐集反饋並因應的機制，進而確立長久的自主管理型態，以及/或者建立接收反饋

的數位平台（許多這類平台都是以開放原始碼的形式開發[188]），其中也需要提供因應反饋的機制和資金。

都市策略並不是止於實體介入措施設置完成，而是要延伸到反饋、維修和維護的機制，同時這些機制必須要在將來也可以沿用。這是地方主管機關、社區組織、開發商和都市設計師必須納入考量的事項：反饋和回應所需的機制、資金和資源是策略中的關鍵一環。

本書探討了如何將公共空間和其中的基礎設施打造為開放系統，以及初期介入措施是如何誘發協商和新型態的結盟，進而讓封閉系統變得開放，並發展成「流動的交換關係」。這類社會－物質關係足以形塑整個系統，讓系統具備管理不確定性的能力，而且由不同要素組合而成，可以根據反饋增添或替換新要素。非正規的解決方案會是有機的結構，物質特性則是包含多種元素的細分組成形式，因此具備持續變化的能力。物質和結構的細分組成形式，會讓不同元素具有調整能力和可替換性質，本書提出的部分基礎設施、人行道系統、結構和遮蔽空間，都可以效法這種細分結構。

本書所建議的系統包含了自主管理的機制，而機制成立的前提是系統要有「流動的交換關係」，以及具備新增和替換組成要素的能力。在「地面之下」、「地面之上」以及「斷面

層次的失序」等章節，探討的就是這些組成要素：技術設備地板、端點、模組化表面、可插入表面的垂直元素，以及其他能不斷新增和升級的要素。「流程與流動」這一章則分析了這些要素是如何誘發社會—物質互動，並且建立足以管理不確定性的系統。然而，自主管理並不代表未來不需要採取任何介入措施，事實上恰好相反：將基礎設施和公共空間打造成開放系統時，一定要考量到這類系統會持續處於流動狀態，因此我們有必要確保有機制和資源可以引進新的組成、插入新的元素、建立新的集合體，以及依照收到的反饋改善公共空間。

為了維持動態的基礎設施和公共空間，並且避免這些空間變成封閉系統，有必要持續重複流程的各個階段。就如本章開頭所提到的，這一整套策略並不是線性序列，而是非線性流程，其中各項步驟也許會重疊，也許會同時發生，而某些階段也許可以根據情況略過或替換，流程也可以回到前一個階段和不斷重複各階段。由於失序基礎設施是開放系統，將持續維持非均衡狀態。

PART III.
UNMAKING AND MAKING

第三部

何為都市？何為規畫？
——解構與建構

帕布羅・森德拉、理查・桑內特對談
里歐・賀利思主持

Q─里歐・賀利思：我認爲《失序之用》五十年前出版當時的政治背景、社會脈絡很値得思考。這本書似乎在一個充滿變化、革命的時代問世，另一方面，又是新自由主義時代的序幕。這本書在這種錯綜關係中擔任了什麼角色？又爲何如今這本書的價値再度浮現？

理查・桑內特：一九六〇年代末期，在地公司幾乎皆遭受全國性金融、建設公司取代。後續五十年間，地方開發計畫一直都不敵國際性開發計畫。現在多數的都市計畫資金都是由華爾街操作，投資者更是來自世界各地。

不變的是，資本企圖將城市視作產品，解讀簡單且能藉組合形式售出的產品，不再是演進流程。因此，開發商買賣、交易的是規範標準。資本主義影響之下，再沒有人對投資實體

空間有興趣。

如此看來，雖然規模不同，在全國或國際範圍，都市主義仍舊繼續壟斷資本。

帕布羅·森德拉：我認為今昔有兩種關係可以對照：一是政治和社會運動，二則是都市更新的流程。就社會運動而言，新左派與一九六八年後社會運動的狀況，對比全球金融危機之後的社會運動——如西班牙的15-M與歐洲、美國各地的運動——我認為兩者有一定相似度。其後特定的社會運動都會開始帶有政治色彩，致使不同的政治運動隨之興起，我在本書中提到的巴塞隆納共同體就是一例。

接著來談談都市更新的脈絡，一九六〇、七〇年代，雅各或桑內特等學者開始討論，都市更新流程中所施加的特定秩序，如何剝奪了城市靈魂。當時，現代主義都市設計的目標，是把失序從城市中澈底移除，並將城市改造成機器般，每個零件皆依照規畫運作。

如今，施加秩序的類型不同於過去，而且和桑內特談過的問題有關。都市更新流程受到全球金融投資者的影響，讓社會住宅居民面臨流離失所的困境——他們的住宅遭到拆除，被改建成適合中產階級與富裕家庭的新開發計畫。同時，許多住宅的買家其實是跨國投資者。

理查·桑內特：五十年前我寫書當時，大眾對現代主義建築還抱持信心，因為他們還相信包浩斯的理念，認為現代主義建築是對抗全球經濟霸權的方式。只要蓋出華特·葛羅培斯（Walter Gropius）式的建築，等於打造出了人性化的工廠。

一九六〇年代後期，我在哈佛大學期間研究都市主義，型態的純粹性似乎還是有其政治影響力……但現在我們已經不信這一套了。恐怕從那時候開始，我已經漸漸懷疑起現代主義計畫。因為這種計畫並沒有實現其初衷，也就是實驗性。所以，這本書的目標就是要開發出更加實驗性——允許在地面之上進行各種實驗的城市型態。

Q｜里歐·賀利思：《失序之用》呼應許多不同思想家的看法，探討了規畫、設計和都市型態之間的關係，所以這本書裡提到了珍·雅各和奧斯卡·紐曼等人。當時破窗理論正好被提出，這些觀點的共同信念是，建築具有影響力——建築的計畫分爲政治和社會兩個層面，兩個層面各會產生一連串不同的結果。那麼，這種關係的核心概念究竟是什麼？

理查・桑內特：雅各思想的黑暗面就是紐曼：兩者都認同監視制度，雅各提出的「街道上的雙眼」就是一種監視制度。這種對街道的控制讓我極度不安，儘管我相當敬重雅各的作品。生活在城市的光榮感，源自不必受制於「規範合宜行為」的法則（Nomos），我寧願有更多人在街道搗亂，而非更多雙眼盯著街道。對於集體組織來說，這兩者是完全不同的體驗——前者是群聚，後者是秩序。

如果說我的書有原創之處，大概就是提議讓大眾混聚，不論這些聚會有多麼亂。這個提案的靈感源於法國詩人波特萊爾的夜襲巴黎，以及班雅明的莫斯科探險。施加秩序和進行聚會都是在地、實體、面對面的互動形式，但兩者背後的制度卻非常不同。

里歐・賀利思：那麼這個概念和實體空間的城市（Ville），以及表現行事風格的城市（Cité）兩者間有何關聯？

理查・桑內特：區別的方式在於Ville是已建成的實體環境，Cité則關乎其中居民的生活方式。以雅各和多數六〇年代前衛規畫師的觀點而言，規畫師對於如何設計城市實體空間有其

想法，但有必要讓大眾不受規畫師的想法束縛。建築應考量生活方式，這是相當天真的社會學觀點。門禁森嚴的社區是現代最受大眾歡迎的選擇，背後的概念就是隔離差異；然而城市最重要的功能是差異並陳，即便差異導致衝突。

我在聯合國任職的幾十年來，最讓我感到難過的狀況就是，一旦中國、印度部分地區及中東拿到經費，他們的第一直覺便是：我們可以把誰擋在門外？

帕布羅・森德拉：我在讀你的著作時，認為其中的概念尤其創新，完全不同於紐曼及科爾曼的觀點，也就是限制公共空間的使用。他們的做法主要是採取預防措施和消除惡意行為——而你的提案則完全相反：完全接納這些行為，並且改變大眾面對外在環境的態度；協助他們面對未知。我因此受到啟發，開始繪製設計圖，也思考起自己在繪圖、想像都市設計時，要用什麼方法才能發想出促進意外互動的都市設計，協助大眾克服面對未知的恐懼。

理查・桑內特：回想一下，一九六〇年代是充滿動亂的十年，當時規畫師的潛意識都受到這樣的背景影響——就算派出十萬名警察在街道上，也不可能解決種族不正義的問題。接著再回

來談現在，法國的黃背心運動（Gilets Jaunes）重新上演了相同的戲碼，我們會聽到很類似過去的說法，例如：「我們不該讓太多人聚集在他們不該在的空間，這樣一定會導致暴力發生。」對這種狀況的恐懼一直都潛伏在社會之中。

我寫這本書的目的是想要破除這種恐懼，並且讓讀者知道，如果有更多互動和衝突，其實暴力和過度反應反而會減少。如果當初法國總統馬克宏親自走上巴黎的街道，我敢肯定巴黎人一定不會像那樣亂擲垃圾桶。

寫書的時候，我腦中有個非常明確的想法：我曾經在約翰．林賽手下工作一陣子，他是六〇年代的紐約市長，在那個充滿暴力時期，每當有種族衝突發生，他都會前往哈林區，我也必須跟著去，他會對著民眾說：「我是市長——有什麼話就對我說！」民眾會開始對著他大叫，但他們沒有動手殺他，對吧？民眾只是希望自己的聲音被聽見，他也確實聽了。

市長的做法很勇敢，不過得到的反應卻是：甚至沒有人對他丟蕃茄。接下來他的行為非常有地中海風格——他與民眾說話時，一定會抓著對方的前臂。這種作風非常不像白人菁英。當然，這對民眾來說很不可思議，因為紐約市長竟然願意和自己有肢體接觸。就是這些

微小的動作，帶來了真正深遠的影響。

里歐・賀利思：我想，把這些微小的動作放在大時代的脈絡下討論——就某方面來說，就是這本書的主題之一。

理查・桑內特：你說的沒錯。

Q—里歐・賀利思：那麼我們要如何把城市的實體層面與社會層面間的關係，連結到開放城市或複合城市（Complex City）的概念？如今所使用的語言越來越科學，這又如何反映出規畫、未規畫間的差別，或是都市生活中比較有機的層面？

帕布羅・森德拉：這就是城市的實體層面與社會層面間很重要的一種關係。其他學者認為：「既然做了這些設計，就應該要有預定的結果。」但我們兩人在這本書裡採取的方法，是分析正式規畫和民間狀況的相互關聯性。要透過拿捏正規、非正規城市間的關係，才有辦法打

開機會之窗，改變大眾面對未知的態度。而且，事實上這些關係都能經由設計而形成。

理查‧桑內特：如果要讓某個環境變開放，你必須介入其中的系統，否則系統就會容易變得一致，型態也會固定不變。變開放的關鍵就在於，城市的 DNA 必須能夠以不同方式進化，或是產生具有模糊性的結果。倫敦的皮卡迪利圓環（Piccadilly Circus）就是一個例子，建成兩百年以來外觀不斷變化，這個地方的 DNA 是不規則的角落，可以發揮不同的用途。這就是為什麼這本書的核心就在於實驗，大眾需要具備面對不定狀態的能力。不過從設計的觀點而言，介入措施的功能比較偏向塑造出可以自主進化的型態。

帕布羅‧森德拉：沒錯，這本書探討和建議的就是針對封閉系統的介入措施，可以讓系統轉而開放到一定的程度。

Q—里歐‧賀利思：介入措施和放任發展之間的核心差異，在於是否有實驗性的概念。建築師或規畫師對城市採取的行動就是爲了要讓一些事情發生，這號人物或這個團隊某個層面而

言就必須涉及到政治。那麼身爲建築師、行動主義分子建築師，這其中的意義爲何？

帕布羅・森德拉：行動主義分子建築師或行動主義分子規畫師，是非常複雜且流動的角色，因為這會受到很多因子影響。如果你對社區有非常固定的想像，可能會得到負面的回應。所以你必須和共事的對象建立關係，而這種關係又取決於很多因素，例如是社區委託你這位建築師／規畫師來發展他們自己的倡議，還是地方主管機關委託你來推動參與式流程。分別在這兩種情況下，你和居民的交流會有不同的出發點，不過無論是哪一種狀況，你都需要和他們培養關係並學著和他們合作。

Q－里歐・賀利思：**建築師目前的問題，也許規畫師也有同樣的問題，是否源自他們把自己的作品當作最終產品發表或銷售？**

帕布羅・森德拉：沒錯，在任何情況下，身為任何一種類型的行動主義分子規畫師，你都必須以非常開放的態度執行共同設計流程，不論委託人是社區還是地方主管機關。你必須先聆

聽意見再擬定提案，另外，你也必須以非常有彈性的方式和社區合作完成提案。

後來透過我的研究和教學，我和行動主義者建立起另一種類型的關係，和先前的經驗完全不同。這類的合作關係中，我需要經由研究和教學產出知識，這對於當下正在合作的社區會很有幫助；參與的形式就會比較有政治色彩，你的角色也會比較像是集行動主義分子、建築師、規畫師於一身，因為社區會把你視為盟友。

理查・桑內特：不過，我的看法和你有點不一樣。我認為行動主義分子規畫師是公民社會和國家之間的中介，規畫師要試著調解公民社會的欲望、需求以及倫理，還有國家的權力。

以我自己的規畫實務經驗來說，我面對的工作和你剛才描述的很不一樣——也許是因為你的實務經驗是未來，我的則是過去。我真心認為特定型態的合作開發可能實現。有個例子，是我在黎巴嫩興建學校的時候，認為像自己這樣的角色應該要提出另類蓋學校的可能性，而且我瞭解不同種類的型態有哪些優缺點。但這項計畫的所在地點爆發了內戰，我共事的對象都受到創傷，這時候你只能提供各種替代方案給他們選擇，然後退場，把決定權交給社區或家長。

話說回來，這些都是很小型、缺乏資源的學校，決策幾乎都可以實現。不過我想這個概念套用在我參與過的其他規畫專案也會成立——一般人沒有判斷替代方案的專業能力，所以他們通常會回去選擇熟悉的選項，他們不知道有哪些可能性。建築師／規畫師的任務就是向大眾展示實驗可以讓什麼變得開放，以及有什麼其他的可能性。

退場的時機非常重要，該退場的時候，你就不能說：「你們應該選這個。」這不是民主，也不是合作開發。

帕布羅·森德拉：我非常同意。像我最近和地方主管機關合作的計畫，我一直在和居民及地方商家開會、發想各種提案，和他們討論這些提案、聽取他們的意見回饋、重新擬定提案，然後我的任務就結束了。我想這和你剛才提到的做法很類似。

理查·桑內特：確實，我想表達的就是這樣。不過，規畫師應該要避免把自己的角色和政治行動主義分子的角色混淆，這兩個角色應用在計畫上是不同的技能組合。

帕布羅・森德拉：這倒不一定。如果你是受雇於地方主管機關，就要負責部分的中介工作。但如果有社區團體正在抗爭，例如他們的社會住宅群即將被拆除，於是他們僱用你來提出替代方案，以呈報給地方主管機關證明有不同做法，從經濟的角度也具可行性，比較環保、比較永續，那麼你發想的計畫就會變成行動主義的一環。

你運用身為規畫師、建築師的技能協助地方社區進行抗爭；不只是要反對某個作為，更要提出替代方案。這種規畫師和行動主義分子之間的盟友關係是相當正向的力量；議會有時候會抱怨，行動主義分子只是一群什麼都想反對的人，但兩方結盟證明了事實並非如此。許多案例中行動主義分子其實是極願意接納可能性與替代方案的一方。

理查・桑內特：負責規畫的主管機關常發生的狀況，尤其在英國，是他們並非腐敗政府，卻呈現腐敗的狀態。他們有點像前英國首相德蕾莎・梅伊——聆聽，但沒反應。在這種情況下，你需要的是不同的政治勢力協助，而不是規畫合作開發，你會需要律師和經營政黨的人，來確保自己的聲音能被聽見。因為預設的立場就是這樣，人都是腐敗的狀態，他們就是不願意聆聽；這牽涉到他們的自尊；他們認為替代方案只是盲目地在反抗。

所以，以印度德里的例子來說，當時我們反抗貧民區的開發案，我的團隊認為有不同的方式可以進行開發。但是在德里，沒有人聽得進去——他們只接受經過法院認可的論點。由於絕大多數人都只關心法律層面可不可行，對於德里的規畫法規瞭若指掌的人才能真正能有效發聲。所以這就是為什麼我會說，我們規畫師是中介者，但我們不是貧困社區唯一需要的盟友。合作開發是一項技術，雖然這個技術很重要，但只有技術本身還不夠。我們對自己的能力要謙虛一點，要清楚知道自己做不到什麼。

Q｜里歐·賀利思：你提到的很多地方都是遭受威脅的固有社區……也就是你必須合作的對象；那本身沒有社區的地方呢？例如英國的國王十字車站或霍洛韋監獄（Holloway Prison），這些我們不知道未來會怎麼發展的地方？

理查·桑內特：如果要一開始就在空間裡建立出複雜性，確實是有一些方法。假若現在要興建國王十字車站，絕對不會採用和以前一樣的方式，當初這裡被打造成一個壯觀的地方，是供人觀賞的空間。如果是現代工程，大概會把中央聖馬丁藝術與設計學院（Central Saint

Martins）等級的複雜性，整個套用在國王十字車站的每一個角落，然後你得要在開發計畫中保留一些產業層面的功能，最後這裡基本上就會變成光鮮亮麗的購物中心。

從頭開始建立複雜性才是真正困難的地方。你可以在現有的構造上提升複雜性，但如果是新建的構造，你就必須思考多樣性的DNA可能會是什麼。

帕布羅・森德拉：但是現在很難找到是從零開始建立的城市，有時候會有開發商表示他們正在進行建設，而且以前那一帶什麼都沒有。但是在倫敦，不論是什麼地方以前一定有些東西。我的意思是，如果想一想剛剛提到的例子，國王十字車站和霍洛韋監獄，附近其實有社區（國王十字車站附近也有各種產業）。

理查・桑內特：所謂的奧林匹克公園（Olympic Park）也是一樣的狀況，以前被當作是「什麼都沒有的地方」，但現在我們發現附近「什麼都有」，是很適合居住的豐富都市構造。

Q｜里歐・賀利思：現在讓我們來談談基礎設施，尤其是違反直覺的失序基礎設施吧？一般

我們會預期基礎設施是代表秩序的原則，但你們發想出的網絡組織其實想達到相反的效果。

帕布羅・森德拉：我在這本書一開始就澄清過，我們所說的設計失序，並不是一種後現代主義的設計方式。有一類失序的型態是為了對抗現代主義——這本書談的並非這個主題。我們探討的，是在公共空間打造出看起來很有秩序的基礎設施，但這種基礎設施能夠誘發的失序結果，才是重點。

因此，我在書裡提出的基礎設施，是能透過不同方式讓大眾更加意識到基礎設施的存在。其中一種方式是基礎設施在地面上的呈現的樣貌——大眾可以看到水管在哪裡，電線在哪裡。另一種方式則是建立常見、集體共用而且可以引發各種協商的基礎設施。現在倫敦就已經有很多像這樣的例子。

例如，看看布里克斯頓區電力計畫（Brixton Energy）集體生產的太陽能，這就是集體型態的基礎設施。他們持續進行群眾募資，或是由小型投資人出資，他們的基礎設施是合作的形式，可以在社區內促進新的關係形成。一旦居民開始瞭解電力是怎麼被消耗、電力是否

要賣回給電網，或是要保留給住宅區內的某些設施，這些討論就一定會誘發出某種類型的協商。

重點不在於擴大尺度，而是要再製造資源。這就是為什麼失序基礎設施能以不同的尺度實現，可以是單一端點，例如讓大家共用的自來水，也可以是更具野心的尺度。

理查・桑內特：對於這一點我有其他的詮釋方法，不曉得你會怎麼理解。在音樂裡，主題和變奏之間的關係就存在著失序，不過這種失序是從原本的主題擷取一些元素然後再放大，所以主題和變奏是創造失序的其中一種方法。

另一種方法則是哈維・莫洛奇（Harvey Molotch）所謂的「類型型態（Type-form）」。換句話說，例如你知道杯子是什麼，你知道杯子要有把手和盛裝液體的功能；但是類型型態本身其實有無限多種形狀。在我看來，主題和變奏以及所謂的類型型態，全都包含在你提出的基礎設施概念中。

Q－里歐・賀利思：如果從主題和變奏的流程來思考，誰是擁有者，流程又會如何變化？

帕布羅・森德拉：我在書中有稍微反思到這一點，不過這也許是值得深究的主題。這個問題也涉及流程如何開始。假設有一群人擁有一部分的基礎設施，這群人可以選擇讓設施在某個程度上維持開放狀態，或者他們也可以和這個集體之外的另一群人進行其他安排，讓其使用。

所以，我在畫設計圖的時候，都會想像並試著思考：這些端點看起來會是什麼樣子？例如，某個社區可能有過剩的電力，所以他們也許會與其他團體的人進行一些交易，因為對方有其他過剩的資源。

理查・桑內特：對，這就是市場上的交易。

帕布羅・森德拉：不過談到所有權的問題，當基礎設施越是集體管理，界線就會比較模糊，集體所有制並沒有將基礎設施——例如住宅視為商品。我有個長期研究的社群位在倫敦西敏（Westminster）的沃特頓與埃爾金住宅區（Walterton and Elgin Estates），一九九〇年代

初期，他們成功把住宅區的所有權從議會轉移到社區。而且到現在歷經將近三十年，證明了社區所有制相當成功。

Q－里歐・賀利思：變化的過程為何？在這種狀況下，「社群」這詞聽起來正向得很危險。有社群就意味著有人在社群之外，或是被排除在外。像這樣的概念要如何持續調整，如何維持沒有排他性的狀態？

理查・桑內特：你可以同時屬於很多不同類型的社群。對我來說，重點在於不論這樣的關係屬於哪一類，都是面對面的關係。這就是為什麼電腦螢幕無法取代街道，因為人需要這種活生生、實體的互動，感受到有血有肉、有模糊性、有失序，這會喚醒人的本能。

像是我昨天晚上在音樂會演奏，其他樂手都是我永遠不會再見到的人，也就是說，他們屬於其他的社群。這是很棒的經驗，也是我們想要達到的目標。我想這就是為什麼……反文化運動犯了一個非常不幸的錯誤，至少在美國的七〇年代後期是這樣——自成一群的人十分親近。面對面接觸並不等同於要自成一群。

現代社會正在漸漸失去一種能力，無法讓人覺得自己足以管理複雜的情況；社會充斥著簡化主義（Reductionist）的意識形態：我沒辦法處理這個情況，我必須用更主觀、更特定、也許更像《紐約客》（*New Yorker*）雜誌風格的角度來解讀這件事，這種態度並不適合面對複雜性。另外，比較好的做法應該是讓大家走出社群，而且是基於很實際的原因，假設你是移民到倫敦的伊朗人，你能不能生存就是取決於有沒有走出原本的社群……你必須面對陌生的環境。你需要面對的是帶有敵意的領域；而不是社群所在的領域。

里歐・賀利思：目前，我們有特別討論過家庭是太小的單位，沒辦法處理城市層級的狀況，而社群則比較具有這樣的優勢，不過還是有其極限。所以，當我們在思考如何打造城市，不論是我們經過的實體空間本身，還是我們在這些空間中管理自身生活的方式，我們都得回頭探究尺度的問題。

理查・桑內特：沒錯，這就是班雅明的有趣之處。他認為生活同時有兩種層次——一種是極度受到保護也非常內向的，另一種則是非常外顯而且尺度更大。如果生活的尺度只限於集

體、家庭，其實對我們是有害的。你應該要把自己的身分想成有多個面向、有多個部分組成而且不斷切換。

帕布羅・森德拉：在這本書裡，你有提到失序的兩種用途——一種是延伸家庭圈去接觸未知和無法預期的互動，另一種則是保有獨身一人的權利，而城市必須要提供這樣的環境。所以就某個方面來說，我提出的基礎設施可以提供第一種用途：如何將家庭圈延伸或拓展成其他更偏向合作和集體的型態。

這個從家庭圈延伸到更大範圍集體的過程，也可以透過社會層面的基礎設施實現：人與人之間建立照護和負責的關係。你在「《貝佛里奇報告書》後的福利制度（Welfare after Beveridge）」這堂課有說明過這一點，其中提到的例子是匿名戒酒會（Alcoholics Anonymous），成員以平等的身分彼此提供心理支持。這並不是有錢人救濟窮人的關係，而是與身邊的人平等地進行照護和負責的互助。這種社會層面的基礎設施和我在本書中提出的實體基礎設施也有關聯性。

社會層面的基礎設施可以輔助由上至下的福利制度，也就是確保基本需求的平等性，例如健康照護和住宅。社會層面的基礎設施則是共存在另一個層次，可以確保其他類型的福利，比較偏向人與人之間的互相關心。

理查・桑內特：所以換句話說，你對這種基礎設施的詮釋比較不像是基本收入制度，而是比較類似匿名戒酒會嗎？

帕布羅・森德拉：沒錯。

Q｜里歐・賀利思：或者可以這麼說，比起無條件基本收入(UBI, Universal Basic Income)，更接近無條件基本服務(UBS, Universal Basic Services)？

帕布羅・森德拉：這種基礎設施概念等於是多加上一層福利制度，超越必須由國家滿足基本需求。也許你會想要在公共空間進行活動，這並不是基本需求；這是你和一群人共同的社交

需求，滿足這一點能讓你更開心，並獲得更良好的社會關係，這也有助於誘發特定類型的互動。

Q－里歐・賀利思：不過我們還是要談一談設計失序是不是有終點，或者這類流程會持續是未完成狀態？

理查・桑內特：未完成（Unfinished）和無法完成（Unfinishable）的狀態在我的想法裡是有區別的，而且兩者的區分非常重要，前者是尚待解決的不完整狀態；後者則強調的是流程本身。都市主義的誤解之一就是把變化視為一種有終點的過程，但我理想中的城市並不是如此，甚至我理想的生活也不是如此。

這裡的問題也牽涉的階級和尺度，像是在墨西哥城、聖保羅或非洲的貧民區住宅，家庭通常會從棚屋開始蓋起，並且認為這是有成果的長期計畫，這種終點的概念讓所有人都可以抱有目標：你在打造的東西到最後會變成完整的成品。這是一種很深刻的動力，但是在比較大的尺度就行不通了，畢竟你打造城市的方式不可能和貧民自建住宅一樣。

規畫法規必須要容許都市計畫持續進化，維持未完成的狀態，畢竟城市本身就是無法完成的計畫。所以這兩個概念的差異在於時間和流程，而且這項差異極為重要，不論在實務層面或哲學層面都是如此。

里歐·賀利思：對我來說，剛才談到的各種議題最後都會回歸到街道，還有各種身體聚集的社會空間概念。我們在這裡在討論的重點其實是人與人的相遇，事實上，這本書談的就是要如何建構出不斷有相遇機會的空間。

理查·桑內特：確實，這就是所謂的介入措施，具有壓縮的功能。雖然壓縮並不是自然狀態，卻能創造出適合互動的型態。亞里斯多德就深知這一點，他理想中的街道在我們眼裡只是小巷子，對他來說卻是寬大的街道。壓縮狀態有助於促進社交和經濟活動，從很實際的層面來說，你可以看到其他人在做什麼，這就是為什麼現在矽巷（Silicon Alleys）發展的比矽谷還要快速，因為大家都被壓縮到聚在一起，可以合協也可以彼此競爭。每個人都知道其他人的活動，而且是親眼看到，大家會談八卦、會對彼此說謊、會交換資訊和互偷客戶，這就是人

之所能生氣蓬勃的原因。

帕布羅・森德拉：我會把這看成一種網絡，使用者可以插入某個端點，然後產生一個適合會面的空間。

理查・桑內特：另外我想談一下關於街道的心理學：這個空間會創造出孤獨的狀態，你只是茫茫人海中的一個人，隨時可以選擇避開其他人。我認為人所能經歷最深刻的獨自體驗，並不是自己待在公寓裡，而是坐在大城市中心地帶的雙人咖啡桌前；你的四周都是人潮，但其實是在和自己對話。這時就要再談到本書提到的一些革命後時期人物，他們很清楚人有接觸他人的需求，但同時也需要不受特定型態的集體行為影響。這就是城市心理狀態的雙重特性——把人與人壓縮在一起，促使他們互動，但就是因為有這樣的密度，個人可以選擇從不受制於其他人。

里歐．賀利思：同質性可以避免。

理查．桑內特：沒錯。

里歐．賀利思：必須要允許差異的存在。

帕布羅．森德拉：我在進行博士學位考試時，考官問了我這個問題：重點不就是密度嗎——所以只要提高密度，就能達到你所謂的失序狀態？於是我舉了一些例子是空間密度提升後卻沒有讓街道更具生命力，像是在倫敦，很多新的開發計畫並確實有大幅提升密度，沃克斯豪爾（Vauxhall）水岸區就是一個例子，結果這種單純提升密度的做法並沒有帶來壓縮的效果。其實要讓空間產生社交互動，還有很多其他因子可以運用。

理查．桑內特：確實。你知道嗎，如果你是現在寫博士論文，就可以用上哈德遜城市廣場這個可怕的例子，這個空間在紐約剛開幕而已。整個區域都是高密度、低能量，因為各種元素

四散，呈現往外發散的狀態，街道上沒有行人在活動，現在他們已經遇到房子賣不出去的問題，因為這一帶沒辦法融入紐約。簡單來說，這就是在最具生命力的城市中心，創造出一個高密度但死氣沉沉的空間。

里歐・賀利思：我想，用哈德遜城市廣場作為結尾再適合不過了，因為相較於我們剛才討論的概念，這個空間完全就是反例。

謝辭

這本書是一段漫長的旅程，從我在二〇〇九年首次讀到《失序之用》開始。我想要感謝理查．桑內特願意和我合作撰寫本書，和理查共事及討論如何應用他五十年前提出的概念，實在是很難得的經驗。我也想感謝我們在Verso出版社的編輯里歐．賀利思，他和製作編輯鄧肯．藍森（Duncan Ranslem）一直都大力支持這項計畫。

艾許．阿敏在二〇一一年末介紹我和理查．桑內特認識，當時我在劍橋大學擔任客座學者。我很感謝艾許幫忙為我和理查牽線，也謝謝他對我的博士論文提供意見。另外，我想向我的博士班指導教授卡洛斯．賈西亞．巴斯克斯（Carlos García Vázquez）和安東尼奧．特赫多爾（Antonio Tejedor）表達謝意，我到現在都還記得那天，卡洛斯在位於塞維利亞的工作室把《失序之用》拿給我看，並建議我讀一讀這本書。

帕布羅．森德拉

二〇〇九年，我在倫敦大學學院的巴特萊特建築學院（Bartlett School of Architecture, UCL）準備都市設計建築碩士的期末報告，那時我第一次接觸到「失序基礎設施」的概念。巴特萊特學院位在破舊的七〇年代建築華提斯大樓（Wates House）內，整棟建築的地板上隨處可見噴漆顏料，老舊的模型殘骸堆在走廊上，每個角落都可以看到老師和學生在進行討論。這座老建築是創造力的大熔爐，幫助我概念化這本書裡的一些想法。我必須要特別感謝對我的報告提供建議的指導者——菲力普・古繆奇安（Philip Gumuchdjian）和丹尼絲・莫瑞（Denise Murray），還有計畫總監科林・福尼爾（Colin Fournier）。後來我在西班牙的塞維利亞大學（Universidad de Sevilla）攻讀博士班，繼續研究「失序基礎設施」。在就讀博士班期間，除了前面提到的指導教授，我討教的對象也包括倫敦大學學院來訪的博士班學生蘿拉・沃恩（Laura Vaughan），以及博士學位口試的考官班・坎普金（Ben Campkin）。

在我就讀塞維利亞大學時，卡洛斯・賈西亞・巴斯克斯成立了由年輕研究人員組成的團隊，包括一些他的博士班學生和其他學者，與這群研究學者共事對我早期的職業生涯有極為

關鍵的影響。我想在這裡特別向我的同事兼好友瑪利亞（María Carrascal）致意，因為我們的職業生涯都是從都市學者起步。

離開塞維利亞大學之後，我有幸以講師的身分加入倫敦大學學院的巴特萊特建築學院。巴特萊特友善的同事讓我在大學裡備感溫馨，學校也讓我有機會教育出色的學生，並依照自己的選擇擴展研究。我也想謝謝學生對我的著作有諸多貢獻，他們協助我挑戰自己的思維，也幫助我跟上時代潮流。

自從成為倫敦大學學院的一員，我有機會透過研究和教學與倫敦的社區組織及行動主義團體合作，我從他們身上學到很多，這本書的內容就是反映出我們合作的成果。我想要特別感謝「Just Space」，尤其是理查・李（Richard Lee）和麥可・愛德華（Michael Edwards），還有「Westway23」、「拯救沃寧頓學院（Save Wornington College）」、「北肯辛頓圖書館之友（Friends of North Kensington Library）」等北肯辛頓行動團體，我也很感謝陶比・羅倫・貝森、格蘭佛社區廚房以及雷絲莉・巴森（Leslie Barson）。和這些參加行動的團體共事讓書中的一些章節得以成形，另外也謝謝亞當・瑞奇對本書的貢獻。

感謝和我在專業實務上共事的各位，建築師和都市設計師的身分也寫作這本書有莫大的幫助。謝謝 Lugadero 建築設計事務所的商業合作夥伴哈維・馬丁內斯（Javier Martínez）和瑪塔・莫雷拉（Marta Morera），還有過去也在 Lugadero 任職的前合作夥伴伊娃・希門尼斯（Eva Jiménez）。我也想要向網絡組織 CivicWise 表達謝意，過去幾年我從中學到很多，尤其是多明尼可・西恩納（Domenico Di Siena），總是耐心和我進行無數次溝通。另外我想要感謝好友法蘭・加拉多（Fran Gallardo）向我推薦和 Verso 合作出版這本書，也謝謝另一位好友戴安娜・依賓尼茲・羅培茲（Diana Ibañez López），在設計方面提供建議。

最後也最重要的是，真心感謝我的家人。謝謝我的伴侶戴安娜・薩拉札（Diana Salazar）一方面是我的心靈支柱，一方面又勇於挑戰我的想法，從她身上學到的批判性思考，也是這本書能成形的關鍵。謝謝我們的兒子英迪格（Indigo）總是笑口常開，我希望他可以在包容且開放的城市中成長茁壯。還有感謝我的父母璜侯（Juanjo）和蔻佳（Concha）、我的姊姊星（Estrella），他們陪著我進行田野調查、為我的研究攝影，還協助錄製本書第三部的討論過程，我的妹妹卡門（Carmen）和弟弟路易斯（Luis）則是我在寫書過程中的強大助力。

註解、引用

1 Feargus O'Sullivan, 'Cities Deserve Better Than These Thomas Heatherwick Gimmicks', *City Lab*, 19 March 2019, https://www.citylab.com/design/2019/03/thomas-heatherwick-vessel-pier-55-nyc-hudson-yards-design/585244/, accessed 22 May 2019.

2 Richard Sennett, *The Uses of Disorder: Personal Identity and City Life*, New Haven and London: Yale University Press, 2008 [1970], 47.

3 Ibid., 47.

4 Samuel Stein, *Capital City: Gentrification and the Real Estate State*, London and New York: Verso, 2019.

5 Sennett, *The Uses of Disorder*, 166.

6 （譯註）指一種社會文化結構過渡間的模棱兩可的狀態或過程，是文化雜合的空間。

7 Sennett, *The Uses of Disorder*, 166.

8 Jane Jacobs, *The Death and Life of Great American Cities*, Modern Library, 1993 [1961].

9 Sennett, *The Uses of Disorder*, 51.

10 Sennett, *The Uses of Disorder*, xi.

11 José Ignacio Torreblanca, *Asaltar los cielos: Podemos o la política después de la crisis*, Barcelona: Debate, Penguin Random House, 2015, 13–14.

12 Íñigo Errejón and Chantal Mouffe, *Construir Pueblo: Hegemonía y Radicalización de la Democracia*, Barcelona: Icaria, 2015, 103.

13 Sennett, *The Uses of Disorder*, xxii.

14 Alexander Vasudevan, *The Autonomous City*, London and New York: Verso, 2016, quoting Ron Bailey, *The Squatters*, London: Penguin, 1973, 21，書中指出這新一波的占屋行動起源於兩次大戰間的各種社會運動。

15 Vasudevan, *The Autonomous City*.

16 The Free Independent Republic of Frestonia, Application to the United Nations, 1977, http://www.frestonia.org/application-to-the-united-nations/, accessed 10 July 2018.

17 請參考 http://www.frestonia.org

18 請參考紀錄片：CivicWise, 'Westway: Four Decades of Community Activism'，2016 年，由帕布羅・森德拉執導，出自馬可・皮卡迪（Marco Picardi）的研究：https://www.youtube.com/watch?v=fzohsfO3lBE，於 2017 年 2 月 27 日發表。

19 請參考 Vasudevan, *The Autonomous City*。

20 Vasudevan, *The Autonomous City*.

21 Pablo Sendra, 'Assemblages for Community-led Social Housing Regeneration: Activism, BigSociety and Localism', *City* 22: 5–6, 2018, 738–62.

22 Sennett, *The Uses of Disorder*, 166.

23 請參考 https://justspace.org.uk

24 請參考 Just Space, *Towards a Community-Led Plan for London*, 2016, https://justspacelondon. files.wordpress.com/2013/09/just-space-a4-community-led-london-plan.pdf, accessed 25 June 2019.

25 Vasudevan, *The Autonomous City*.

26 請參考 London Federation of Housing Coops, http://londonnasuwt.org.uk/lfhc/, accessed 14June 2019.

27 請參考 Laura Roth and Kate Shea Baird, 'Municipalism and the Feminization of Politics',*Roar Magazine,* Issue 6, 2018. https://roarmag.org/magazine/municipalism-feminization-urban-politics/

28 在本書即將完成之際，文中所述的部分自治城市倡議運動於二〇一九年的地方選舉落敗，或未取得足夠的議員席次以組成地方政府。在這五個城市之中，僅有巴塞隆納和加的斯仍由自治城市派擔任市長。

29 Sennett, *The Uses of Disorder*, 166.

30 請參考 Roth and Shea Baird, 'Municipalism and the Feminization of Politics'.

31 Sennett, *The Uses of Disorder*, 166.

32 Andrés Jaque, *Dulces Arenas Cotidianas*, Seville: Lugadero, 2013.

33 請參考 Roth and Shea Baird, 'Municipalism and the Feminization of Politics。

34 拆除工程始於一九六四年：高速公路工程則在一九六六年動工，一九七〇年完工。請參考 Westway23 行動網站提供的詳細時間軸：https://www.westway23.org/westway-timeline, accessed 25 May 2018

35 Derek Wall, *Earth First! and the Anti-Roads Movement: Radical Environmentalism and Comparative Social Movement*, New York: Routledge, 1999.

36 Tom Vague, *Getting it Straight in Notting Hill Gate: A West London Psychogeography Report*, (eBook) Bread and Circuses, 2012.

37 請參考 Westway23 行動網站提供的詳細時間軸。

38 請參考 Westway23 行動網站提供的詳細時間軸。

39 請參考 Westway23 行動網站提供的時間軸中，大衛・威爾考克斯（David Wilcox）於一九七〇年所寫的文章。

40 請參考 Vague, *Getting it Straight in Notting Hill Gate*。

41 Jamie McCullough, *Meanwhile Gardens*, London: Calouste Gulbenkian Foundation, 1988 [1978].

42 Petition 'Save Portobello Road from the Portobello Village/Westway Space', 38 Degrees. https://you.38degrees.org.uk/petitions/save-portobello-raod-from-the-portobello-village-westway-space-1, accessed 16 September 2019.

43 CivicWise 是致力於協作式都市主義，公民創新和集體智慧的網絡組織，請參考 https://civicwise.org

44 CivicWise, 'Westway: Four Decades of Community Activism'.

45 Pablo Sendra, 'Civic Design UCL Summer School', in *Civic Design*, eds. C. Ciancio and M. Reig Alberola, Civic Innovation School, 2018, 298–99.

46 在社區的強力反對之下，加上發生格蘭菲塔火災，最後議會決定取消將圖書館租借給預備學校的計畫。

47 此合併計畫也已終止。

48 請參考 CivicWise, 'Westway: Four Decades of Community Activism' 中貝森的訪談。

49 Sennett, *The Uses of Disorder*, 142.

50 Ash Amin and Nigel Thrift, *Seeing Like a City*, Cambridge: Polity Press, 2017, 4.

51 Amin and Thrift, *Seeing Like a City*, 6.

52 Amin and Thrift, *Seeing Like a City*.

53 Richard Sennett, 'The Open City', in *The Endless City*, eds. R. Burdett and D. Sudjic, London: Phaidon Press, 2007, 290–97.

54 Richard Sennett, 'The Public Realm'. Paper presented at BMW Foundation Workshop on Changing Behaviour and Beliefs, Lake Tegernsee (Germany), 2008, http://www.richardsennett. com/site/SENN/Templates/General2.aspx?pageid=16, accessed 2 February 2011.

55 Richard Sennett, *Building and Dwelling: Ethics for the City*, London: Allen Lane, 2018.

56 Sennett, 'The Public Realm'.

57 Amin and Thrift, *Seeing Like a City*, 6.

58 Stephen Graham and Nigel Thrift, 'Out of Order: Understanding Repair and Maintenance', *Theory, Culture & Society* 24: 1, 2007, 1–25.

59 兩位學者在下列研究中指出他們提出的「理想機制」必須配合「結合體系」：Gilles Deleuze and Félix Guattari, *Anti-Oedipus: Capitalism and Schizophrenia*, Minneapolis: University of Minnesota Press, 2000 [1972].

60 Philip Cooper, 'Assemblage', Grover Art Online, Oxford: Oxford University Press, 2003。我在此著作中討論

過「拼裝體」的定義：Pablo Sendra, 'Rethinking Urban Public Space: Assemblage Thinking and the Uses of Disorder', City 19: 6, 2015, 820–36。

61 William C. Seitz, *The Art of Assemblage*, New York: The Museum of Modern Art, 1961.

62 Cooper, 'Assemblage'.

63 Colin McFarlane, 'Assemblage and Critical Urbanism', *City* 15: 2, 2011, 204–24, building on Gilles Deleuze and Claire Parnet, *Dialogues II*, New York: Columbia University Press, 2007 [1977].

64 Gilles Deleuze and Félix Guattari, *A Thousand Plateaus: Capitalism and Schizophrenia*, Minneapolis: University of Minnesota Press, 1987 [1980].

65 McFarlane, 'Assemblage and Critical Urbanism'。此處的定義出自 Sendra, 'Rethinking Urban Public Space', 823.

66 McFarlane, 'Assemblage and Critical Urbanism'.

67 Ibid., 204.

68 Ibid., 222.

69 Ibid., 219.

70 我已在著作中闡述過《失序之用》與拼裝體思維之間的關係：Sendra, 'Rethinking urban public space'。

71 Richard Sennett, *The Conscience of the Eye: The Design and Social Life of Cities*, New York: W.W. Norton, 1992 [1990], 213.

72 Sennett, *The Uses of Disorder*.

73 Richard Sennett, 'Urban Disorder Today', *British Journal of Sociology* 60: 1, 2009, 57–8, referencing Sennett, *The Uses of Disorder*.

74 Colin McFarlane, 'The City as Assemblage: Dwelling and Urban Space', *Environment and Planning D: Society and Space* 29, 2011, 653.

75 McFarlane, 'Assemblage and Critical Urbanism', 206.

76 Sennett, *The Uses of Disorder*, 142.

77 Sennett, 'The Public Realm'.

78 Sennett, *Building and Dwelling*, 208.

79 Sennett, 'The Open City'; Sennett, 'The Public Realm'; Richard Sennett, 'Boundaries and Borders', in *Living in the Endless City*, eds. R. Burdett and D. Sudjic, London: Phaidon Press, 2011, 324–31.

80 Amin and Thrift, *Cities: Reimagining the Urban*, Cambridge, UK: Polity Press, 2002, 108, quoting Deleuze, Foucault, London: Athlone, 1986, 44.

81 Graham and Thrift, 'Out of Order'.

82 Sennett, *The Uses of Disorder*.

83 Sennett, *Building and Dwelling*, 222.

84 Barcelona Energia, http://energia.barcelona/en/, accessed 1 September 2018.

85 Ajuntament de Barcelona, 'Mesura de govern: Programa d'impuls a la generacio d'energia solar a Barcelona', 2017, http://energia.barcelona/sites/default/files/documents/programa-impuls-generacio-energia-solar-barcelona.pdf, translated from Catalan, accessed 10 September 2018.

86 CivicWise 用「分散式（Distributed）」一詞描述「非平行也非垂直結構」的網絡，其中存在的關係是「同儕治理（Peer Governance）」，http://civicwise.org/values/。這個詞彙也可套用於基礎設施系統，指的是系統中各個節點都對產出資源和讓全體獲益有貢獻。

87 Sennett, *The Uses of Disorder*.

88 Philip Ball, *Branches*, Oxford: Oxford University Press, 2009, 197.

89 Ibid., 200.

90 Sendra, 'Rethinking urban public space', 823. This definition builds on Colin McFarlane's definition of reassembling: McFarlane, 'Assemblage and Critical Urbanism', 211.

91 Graham and Thrift, 'Out of order'.

92 Fernando Domínguez Rubio and Uriel Fogué, 'Technifying Public Space and Publicizing Infrastructures: Exploring New Urban Political Ecologies through the Square of General Vara del Rey', *International Journal of Urban and Regional Research*, 37: 3, 2013, 1035–52, 1039.

93 Ibid., 1042.

94 Graham and Thrift, 'Out of Order', p.8 解釋「中斷基礎設施原有的連結可以視為一種『去黑箱化』的形式」。

95 Domínguez Rubio and Fogué, 'Technifying Public Space and Publicizing Infrastructures'.

96 Ibid.

97 Ibid.

98 此說法出自 22@ 官方網站，翻譯自加泰隆語：http://www.22barcelona.com/content/blogcategory/49/410/, accessed 16 September 2019。

99 Peter Cook, 'Plug-in City: Maximum Pressure Area, Project (Section)', The Museum of Modern Art, 1964,

https://www.moma.org/collection/works/797, accessed 16 September 2019.

100 理查・桑內特在其著作中批評，對使用者友善的技術會導致疏離：Sennett, *Building and Dwelling*。

101 我是經由合作夥伴黛安娜・薩拉薩爾（Diana Salazar）的研究和行動計畫才注意到此情況，我們一起參與倫敦礦業網（London Mining Network）、哥倫比亞團結行動（Colombia Solidarity Campaign），並且前往哥倫比亞瓜希拉省（La Guajira）考察，跨國企業在此經營露天礦坑，導致多個社區流離失所，當地孩童的健康也因此受影響。更多相關資訊請參考 Aviva Chomsky, Garry Leech and Steve Striffler (Eds.), *The People Behind Colombian Coal*, Casa Editorial Pisando Callos, 2007。

102 太陽能的產出也需要開採礦物，才能製造出太陽能板，因此生產這種太陽能板的倫理也必須納入考量。

103 有關都市表面的透水性與生物多樣性之間的關聯，請參考 Salvador Rueda, Rafael Cáceres, Albert Cuchí and Lluis Brau, *El urbanismo ecológico: su aplicación en el diseño de un ecobarrio en figueres*, Barcelona: Agència d'Ecología Urbana de Barcelona, 2012。

104 Ajuntament de Barcelona, 'Mesura de govern: Programa d'impuls a la generacio d'energia solar a Barcelona'. Translated from Catalan.

105 Alex Wall, 'Programming the Urban Surface', in *Essays in Contemporary Landscape Architecture*, ed. J. Corner, Princeton: Princeton Architectural Press, 1999, 233–49.

106 Adam Hart, A. "'A Neighbourhood Renewal Project in Dalston, Hackney: Towards a New Form of Partnership for Inner City Regeneration'," *Journal of Retail & Leisure Property 3*: (3), 2003, pp. 237–245.

107 廣場是由 Hawkins/Brown 建築師事務所設計（請參考 https://www.hawkinsbrown.com/projects/gillett-square, accessed 22 June 2019）。接著在二〇〇九年，為了推行「多爾斯頓空間改造（Making Space in Dalston）」策略，兩間事務所 muf architecture/art 和 J&L Gibbons 在這個公共空間設置了橘色貨櫃，其中裝有遊樂和影音設備（請參考 http://muf.co.uk/portfolio/gillette-square-2009/, accessed 22 June 2019）。

108 McFarlane, 'The City as Assemblage', 653.

109 Sendra, 'Rethinking Urban Public Space', 823.

110 Wall, 'Programming the Urban Surface'.

111 Pablo Sendra, 'Infrastructures for Disorder: Applying Sennett's Notion of Disorder to the Public Space of Social Housing Neighbourhoods', *Journal of Urban Design* 21: 3, 2016, 335–52.

112 Richard Sennett, *Flesh and Stone: The Body and the City in Western Civilization*. New York: W.W. Norton, 1996 [1994], 15.

113 Sennett, *The Conscience of the Eye*.

114 Wall, 'Programming the Urban Surface'.

115 Oscar Newman, *Defensible Space: Crime Prevention Through Urban Design*, London: Macmillan, 1972.

116 Alice Coleman, *Utopia on Trial: Vision and Reality in Planned Housing*. London: Hilary Shipman, 1990 [1985].

117 Sennett, 'The Public Realm'.

118 Sennett, 'The Public Realm'.

119 Jacobs, *The Death and Life of Great American Cities*, 511.

120 Wall, 'Programming the Urban Surface', 233.

121 Jordi Borja and Zaida Muxí, *El espacio público: Ciudad y ciudadanía,* Diputació de Barcelona and Electa, 2003.

122 Sennett, *The Conscience of the Eye*.

123 Ibid.

124 Ibid.

125 Wall, 'Programming the Urban Surface'.

126 Hawkins Brown, ‘Gillett Square’.

127 Sennett, *The Conscience of the Eye*.

128 Albert Pope, *Ladders*, Houston: Rice University School of Architecture, 1996.

129 請參考「超級街區」專案在波布諾（Poble Nou）的試行計畫，是由巴塞隆納市政府和巴塞隆納都市生態事務所（Agency of Urban Ecology of Barcelona）共同推動。重新分配交通車流可以避免超級街區內部的街道被當作直接穿越的路線，並且將行駛速度降低到每小時十公里，如此一來就會有充分的社交活動，綠地和遊樂區空間。請參考 Ajuntament de Barcelona, ‘Superilles’, http://ajuntament.barcelona.cat/superilles/es/, accessed 20 June 2019。

130 Wall, ‘Programming the Urban Surface’.

131 Abdoumalik Simone, ‘The Surfacing of Urban Life’, *City* 15: 3–4, 2011, 355–56.

132 Rob Withagen and Simone R. Caljouw, ‘Aldo van Eyck’s Playgrounds: Aesthetics, Affordances, and Creativity’, *Frontiers in Psychology* 8: 1130, 2017.

133 Richard Sennett, *The Craftsman*, New Haven and London: Yale University Press, 2008.

134 Rueda et al., *El Urbanismo Ecológico*.

135 Sennett, *The Conscience of the Eye.*

136 Sibylla Brodzinsky, 'Artist's Shooting Sparks Graffiti Revolution in Colombia', *The Guardian*, 30 December 2013, https://www.theguardian.com/world/2013/dec/30/bogota-graffiti-artists-mayor-colombia-justin-bieber, accessed 20 June 2019 。

137 Sennett, 'The Public Realm'.

138 Stephen Graham and Lucy Hewitt, 'Getting Off the Ground: On the Politics of Urban Verticality', *Progress in Human Geography* 37: 1, 2013, 72–92.

139 The Big Dig: Project Background, https://www.mass.gov/info-details/the-big-dig-projectbackground, accessed 21 June 2019.

140 Le Corbusier, *The City of To-morrow and its Planning*, London: John Rodker Publisher, 1929, 238.

141 Office for Metropolitan Architecture, Seattle Central Library, https://oma.eu/projects/seattle-central-library, accessed 21 June 2019.

142 Antonio Tejedor Cabrera and Mercedes Linares Gómez del Pulgar, 'Beautiful architecture: Seven conditions for the contemporary project', in *Actas del Congreso EURAU 2010: Jornadas Europeas de la Investigación Arquitectónica y Urbana. Naples*, 2011, 78–85.

143 Sennett, 'The Public Realm'.

144 我已在先前的著作中解釋過縱斷面圖和橫斷面圖：Sendra, 'Infrastructures for Disorder'。

145 Sennett, *The Conscience of the Eye*.

146 Sennett, 'The Open City', 296.

147 Newman, *Defensible Space*.

148 Ben Campkin, *Remaking London: Decline and regeneration in urban culture*, London: I.B.Tauris, 2013.

149 Anna Minton, *Ground Control: Fear and Happiness in the Twenty-First-Century City*, New York: Penguin, 2009.

150 Pablo Sendra, 'Revisiting Public Space in Post-War Social Housing in Great Britain', Proyecto, Progreso, *Arquitectura 9*, 2013, 114–31.

151 Sennett, 'The Public Realm'.

152 Ibid.

153 Sennett, *The Conscience of the Eye*.

154 Jan Gehl, *Life Between Buildings: Using Public Space*. Island Press, 2011 [1971].

155 Sennett, 'The Public Realm'.

156 Sennett, *The Conscience of the Eye*.

157 María Carrascal, Pablo Sendra, Antonio Alanís, Plácido González Martínez, Alfonso Guajardo-Fajardo and Carlos García Vázquez, '"Laboratorio Q", Seville: Creative Production of Collective Spaces Before and After Austerity', *Journal of Urbanism: International Research on Placemaking and Urban Sustainability* 12: 1, 2019, 60–82.

158 Recetas Urbanas, 'La Carpa-Artistic Space', https://www.recetasurbanas.net/v3/index.php/en/component/joomd/proyectos/items/view/la-carpa, accessed 15 September 2019.

159 在二〇一四年，由於四年來缺乏支援和市政府處處阻撓，所有團體決定拆除「帳篷」並離開。請參考 https://www.youtube.com/watch?time_continue=1&v=IeQhB7LvSFI, accessed 21 June 2019。

160 Sennett, 'The Public Realm'.

161 Julienne Hanson, 'Urban Transformations: A History of Design Ideas', *Urban Design International* 5, 2000, 97-122.

162 Sennett, 'The Open City', 294.

163 Sennett, *The Conscience of the Eye*.

164 Sennett, 'The Public Realm'.

165 Sennett, 'The Public Realm'.

166 Ibid.

167 Sherry R. Arnstein, 'A Ladder Of Citizen Participation', *Journal of the American Institute of Planners* 35: 4, 1969, 216–24.

168 Ecosistema Urbano. *Dreamhamar: A Network Design for Collectively Reimagining Public Space*, Seville: Lugadero, 2014.

169 流程詳細資訊請參考 Ecosistema Urbano, *Dreamhamar*。

170 Sennett, 'The Open City', 296.

171 Peter Bishop, 'Approaches to regeneration', *Architectural Design* 215, 2012, 28–31.

172 J&L Gibbons LLP; muf architecture/art, 'Making Space in Dalston', London Borough of Hackney. Design for London / LDA, 2009. http://issuu.com/mufarchitectureartllp/docs/making_space_big, accessed 29 December 2013.

173 象堡購物中心的更新計畫在二〇一八年由南華克郡議會（Southwark Council）及倫敦市長核准，不過在我撰寫本書的同時，此計畫正面臨英國高等法院司法審查，司法審查預計於二〇一九年十月進行。

174 #SaveGranville-Keep Granville and Carlton Site in South Kilburn a space for us, by us!. Change.org. https://www.change.org/p/savegranville-keep-granville-and-carlton-in-south-kilburn-a-space-for-us-by-us, accessed 23 June 2019.

175 Graham and Thrift, 'Out of order'.

176 Repowering London. 'Styles Gardens', http://repoweringlondon.org.uk/projects/styles-gardens, accessed 02 January 2019。在本書撰寫期間，Repowering London 改名為「Repowering」，官方網站也經過變更。請由更新後的連結造訪網站：Repowering, 'Completed Projects', https://www.repowering.org.uk/completed/, accessed 16 September 2019。

177 Repowering London, 'Hackney Energy', http://repoweringlondon. org.uk/projects/hackney-energy, accessed 2 January 2019。在本書撰寫期間，Repowering London 改名為「Repowering」，官方網站也經過變更。請由更新後的連結造訪網站：Repowering, 'Completed Projects', https://www.repowering.org.uk/completed/, accessed 16 September 2019。

178 Brixton Pound, 'What is the Brixton Pound?', http://brixtonpound.org/what, accessed 23 June 2019.

179 Red de Moneda Social Puma, 'Social Currency Puma', translated from Spanish, https://monedasocialpuma.wordpress.com/estatica/, accessed 23 June 2019.

180 Red de Moneda Social Puma, 'Objectives of Social Currency Puma', translated from Spanish, https://monedasocialpuma.wordpress.com/5-fines-de-la-moneda-social/, accessed 23 June 2019.

181 科林・麥克法蘭指出城市是一個拼裝體，而「個別元素透過共同作用來定義所屬的集合體」。McFarlane, 'The City as Assemblage', 653。

182 Sennett, 'The Public Realm'.

183 多名學者以這個詞彙來形容大眾難以注意到的基礎設施，請參考 Graham and Thrift, 'Out of Order'; Domínguez Rubio and Fogué, 'Technifying Public Space', 1045。

184 Graham and Thrift, 'Out of Order'.

185 本書即將完成之際，支持自治城市的左派市長曼努埃拉・卡梅納並未贏得二〇一九年的市長選舉並連任。右派聯盟取得執政權，並企圖撤銷卡梅納在過去四年施行的政策。請參考 Gloria Rodríguez-Pina, '80 medidas para borrar en cuatro años el Madrid de Carmena', *El País*, 14 June 2019, https://elpais.com/ccaa/2019/06/14/madrid/1560537366_926632.html, accessed 23 June 2019。

186 Decide Madrid, https://decide.madrid.es/, accessed 23 June 2019.

187 請參考 CivicWise（由帕斯夸爾・佩雷茲 Pascual Pérez 擔任協調人）在 Residencia Hacker 活動期間所做的研究和提案，此活動由位於馬德里的文化空間 MediaLab Prado 旗下的實驗室 ParticipaLab 主辦，宗旨是探討參與式平台「Decide Madrid」的限制，並且提出改善方案以擴展參與流程。CivicWise, *Tecnologías de la Participación*, MediaLab Prado, ParticipaLab, 2016, https://residenciacivica.civicwise.org/seccion/archivo/documentos/

188 請參考「Decide Madrid」所採用的開放原始碼軟體 CONSUL：https://github.com/consul/consul。

城市不服從

以失序設計打開生活想像

作　　者　帕布羅・森德拉 Pablo Sendra
　　　　　理查・桑內特 Richard Sennett
譯　　者　廖亭雲

總 編 輯　周易正
主　　編　胡佳君
責任編輯　郭正偉
文字編輯　洪與成
編輯協力　徐林均
行銷企劃　陳姿妘、李珮甄
美　　術　陳昭淵
印　　刷　釉川印刷
定　　價　400 元
ISBN　9789860653144
版　　次　2022 年 2 月初版一刷

出　　版　行人文化實驗室 / 行人股份有限公司
發 行 人　廖美立
地　　址　10074 臺北市中正區南昌路一段 49 號 2 樓
電　　話　+886-2-3765-2655
傳　　真　+886-2-3765-2660
網　　址　http://flaneur.tw

總 經 銷　大和書報圖書股份有限公司
電　　話　+886-2-8990-2588

國家圖書館出版品預行編目(CIP)資料

城市不服從 : 以失序設計打開生活想像/理查.桑內特(Richard Sennett), 帕布羅.森德拉(Pablo Sendra)作 ; 廖亭雲譯. -- 初版. -- 臺北市 : 行人文化實驗室, 2022.02

224面 ; 14.8*21公分 | 譯自 : Designing disorder : experiments and disruptions in the city |
ISBN 978-986-06531-4-4(平裝) | 1.都市計畫 2.空間設計 3.都市社會學 4.城鄉關係 | 545.14 | 110014392